CEIBS | 中欧经管图书

中欧陆家嘴
金融名家论道

吴晓灵　朱晓明◎编著

中国财富出版社

图书在版编目（CIP）数据

中欧陆家嘴金融名家论道／吴晓灵，朱晓明编著. —北京：中国财富出版社，2016.4

（中欧经管图书）

ISBN 978－7－5047－6071－5

Ⅰ.①中…　Ⅱ.①吴…②朱…　Ⅲ.①金融－中国－文集
Ⅳ.①F832－53

中国版本图书馆 CIP 数据核字（2016）第 050051 号

策划编辑　黄　华　　**责任编辑**　姜莉君
责任印制　方朋远　　**责任校对**　饶莉莉　　**责任发行**　邢有涛

出版发行　中国财富出版社
社　　址　北京市丰台区南四环西路 188 号 5 区 20 楼　　**邮政编码**　100070
电　　话　010－52227568（发行部）　　010－52227588 转 307（总编室）
010－68589540（读者服务部）　　010－52227588 转 305（质检部）
网　　址　http://www.cfpress.com.cn
经　　销　新华书店
印　　刷　北京京都六环印刷厂
书　　号　ISBN 978－7－5047－6071－5/F·2560
开　　本　710mm×1000mm　1/16　　**版　　次**　2016 年 4 月第 1 版
印　　张　14　　**印　　次**　2016 年 4 月第 1 次印刷
字　　数　201 千字　　**定　　价**　56.00 元

前言 Preface

转眼间，中欧陆家嘴国际金融研究院已经成立 8 年了。2008 年播下的一粒种子，如今已经成长为具有一定影响力的金融智库。

研究院的成长，得益于天时、地利、人和。研究院成立之初，就设定了这样的使命：推动中国金融现代化，服务上海国际金融中心建设。而过去几年，中国的金融体系快速迈向市场化的改革，正是研究院顺流而上的大潮。

2009 年国务院发布《关于推进上海加快发展现代服务业和先进制造业 建设国际金融中心和国际航运中心的意见》，明确提出 2020 年目标：到 2020 年，将上海基本建成与中国经济实力和人民币国际地位相适应的国际金融中心。随后出台人民币国际化、上海自贸区、沪港通等一系列改革方案，加速上海国际金融中心建设。

2013 年十八届三中全会提出，发展中国特色的社会主义新型智库。作为一家新型智库，中欧陆家嘴国际金融研究院面临广阔的发展空间。

在智库不断增多的今天，研究院始终坚持学术独立、影响社会、差异化发展的道路。吴晓灵院长提出，研究院要有特色，聚焦法律与金融的交叉问题研究。围绕这一定位，研究院推出了金融法律培训课程、《中国金融政策报告》《中国金融消费者保护报告》、中欧陆家嘴金融消费者保护基金等重点项目，坚持以研究推动中国的经济和金融改革。

智库必须通过交流开阔视野。研究院与英国皇家国际事务研究所

(Chatham House)、美国彼得森国际经济研究所(Peterson Institute)、美国新经济思维研究所(INET)、我国台湾经济研究院、英国会议组织 Wilton Park(威尔顿公园)等顶尖智库开展了合作交流。

作为一家新型智库,“论道”始终是研究院的拳头产品。迄今为止,研究院已经举办了 83 期金融家沙龙,演讲嘉宾(大咖)云集:陈志武、许小年、李扬、阎庆民、方星海、李迅雷、吴志攀、时文朝、夏斌、秦晓、诺贝尔经济学奖得主罗伯特·莫顿等,吴晓灵、吴敬琏、朱民、高西庆更是多次主讲沙龙。

在改革步入深水区的今天,我们最需要的是思想。凯恩斯说:“危险的东西不是既得利益,而是思想。经济学家和政治哲学家的思想,无论是对还是错,实际上比一般人想象的更有力。这个世界确实是由少数精英统治的。那些自认为能够免于受经济学家思想影响的实干家往往是那些已经过世的经济学家的奴隶。那些当权狂人信奉的其实也不过是若干年前某些末流文人狂妄思想的零碎而已。”哈耶克在《通往奴役之路》引言中说:“从长远看,我们是自己命运的主宰;在短期,我们就是自己所创造观念的俘虏。”

本着这样的思想,我们将研究院大咖的思想精华整合成这本书,以飨读者。

编　者

2016 年 1 月

目录 Contents

第 21 期陆家嘴金融家沙龙

国际金融危机背景下的中外货币政策比较

吴晓灵

吴晓灵，中欧陆家嘴国际金融研究院院长，全国人大财经委副主任委员。曾任中国人民银行副行长、国家外汇管理局局长。1984年，中国人民银行研究生部毕业。经济学硕士，研究员。2008 年 3 月 5 日，在第十一届全国人民代表大会第一次会议上，当选为第十一届全国人民代表大会财政经济委员会副主任委员。2011 年 12 月 12 日，获评第十二届中国经济年度人物。

在金融危机中，欧美国家的量化宽松货币政策是一种两害相权取其轻的结果。给市场一个平稳的货币环境和信心是货币政策要承担的任务，但经济的复苏只能靠经济结构调整和经济内在发展动力的启动，不能靠信贷的巨额投放，中国要有经历经济转型痛苦的心理准备。

金融危机微观层面的原因，有以下几个方面：

(1) 信贷的基础产品违背了可偿还性的原则。次级按揭贷款的特点：一是借款人信用上有瑕疵；二是贷款额度超过了正常抵押贷款的额度（美国正常贷款额是 30 万美元左右）；三是借款人偿还能力不足。这三个条件，具备其中一条就可以算是次级按揭贷款。

尽管以上情况中的借款人未必都是不可能偿还的人，但是，如果不认真做客户分析，而是把还款的希望寄托于利率还要下降、房价还要上涨，就违背了可偿还性原则。

（2）金融创新违背了服务经济的原则和充分揭示风险的原则。担保债务凭证（CDO）是多种债券组合的产品，为了规避它的风险又创造出信用违约互换。这些在金融产品的基础上衍生出来的产品，使得人们看不清其基础产品的风险，这样就不能很好地控制风险。

（3）不当的薪酬激励和公司治理鼓励和放纵了金融机构的冒险行为。很多投行设计了大量的产品，却忽视了产品是不是卖给了恰当的人。公司治理的问题放大了高杠杆产品的风险。

（4）信用评级和会计制度的不完善不能有效揭示风险。CDO 的评级是对一系列债券组成新的产品的评级，评级的历史数据积累各方面都不是很充足，评级机构不能充分揭示风险。会计准则是顺周期的，当经济情况好的时候，资产负债表膨胀；一旦出现了问题，产品没有价格，会打压金融机构的产品负债表，使它不断地冲销资本金。

金融危机宏观层面的原因，有以下几个方面：

（1）2000 年以后美国宽松的货币政策和低利率政策催生了金融泡沫。

（2）美国政府鼓励低收入人群买房，加重了居民的负债，降低了居民的储蓄率。

（3）对金融机构监管不力，过于相信市场的自律，忽视了系统性风险。

（4）世界各国的经济联系日益紧密，结构失衡，需要进行有序调整。

一、危机的传导

宽松的货币政策引发了通货膨胀，利率上升刺破了房地产泡沫，也刺破了金融泡沫。美国长期的低利率环境使得房价不断上涨。随着美国通货膨胀的加剧，美联储从 2004 年开始为了抑制通货膨胀提高利率，从 2003 年的 1% 提到了 2005 年的 5.25%。这一举措加大了次级按揭贷款人的还款负担，于是就使得次级按揭贷款出现了违约，次级贷款的违约又造成了抵押贷款的违约，抵押贷款的违约又使得商业票据评级降低，票据评级一降低，过桥贷款就没有了。违约率和利率的提高使得短期票据的吸引力减少，进而导致资金断裂；而过桥贷款不能实现的话，也会导致资金断裂。于是 CDO 的资金断裂就造成了 CDS 的违约，CDS 就是信用违约互换，CDS 在 CDO 基础上膨胀了几十倍，这样就刺破了金融的泡沫。

金融资产恶化、资本缩水引致信贷紧缩。金融机构持有资产的价格一旦发生了下跌或者出现了坏账，就要计提坏账准备金，或者直接冲销资本。为了满足资本充足率的要求，金融机构就要不断地卖产品，越快卖产品，产品价格下跌越厉害，资产负债表恶化情况越严重。它使得商业银行没有能力也没有意愿发放贷款，这就产生了信用的紧缩。

二、对欧美数量宽松货币政策的解读

保持适度的信贷活动和货币供应是经济运行的必要条件。数量宽松货币政策是指基础货币的数量宽松，而不是货币供应的无限宽松。社会的货币量是由商业银行和中央银行共同投放的，当商业银行不肯放贷的时候，中央银行的所有行为只不过是对商业银行行为的一种补充。

美国从 2007 年 6 月到现在，基础货币增长了 114%；从 2002 年 12 月到 2004 年，其基础货币的投放几乎达到 100%。但是，M2（广义货币）的增长只有 9% 左右，信贷的涨幅是下降的：从 2007 年 12 月的 11% 和 2008 年 3 月的 12%，下降到了 2009 年 3 月的 2.18% 和 5 月的 2.64%，M2 的增长全靠中央银行基础货币的增长。

欧盟实行宽松的货币政策的时候，其基础货币也有了百分之几十的增长，但是它的货币量 M3 增长的幅度到 2009 年 5 月只有 4.29%，信贷的增长才 2%，商业银行不肯贷款。

因为商业银行没有能力贷款、不愿意贷款，所以，中央银行走到了前面。各国中央银行开动了印钞机，所以出现了通货膨胀的预期。在危机的时候，通货紧缩的预期会形成恶性循环，打掉通货紧缩预期是一种正确的选择。但是，过多的货币必然引起通货膨胀或者资产泡沫，对此各国银行都有深刻的体会。因而，各国银行到现在是为了提升社会的信心，不得不采取这样的措施，是两害相权取其轻的办法。

三、中国经济面临的问题和政策的选择

优化经济结构、转变经济增长方式是中国经济发展的主要任务。中国没有金融危机，也没有经济危机，中国经济 2007 年和 2008 年增幅下降的主要原因是我们国家的粗放式经营、过度依赖出口型的增长模式和这种产业结构是不可持续的。能源和环境的制约使得我们这种方式是不可持续的。因而我们国家的宏观调控，调控的是限制（两高一低，即高能耗、高污染、低水平）产品发展，要扩大我们的内需，要使我们的经济发展得更加均衡一些，要变成环境友好和资源节约的发展方式。中国经济所面临的问题正是要实现这种转变。因此，中国结构调整时的经济增长放缓是正常的，即使没有世界范围内的金融危机，中国也该掉头下降了，只不过世界的金融危机使得我们下调的速度太快了。在结构调整和经济转型当中保持适当的增长率、防止国际金融危机给中国社会的信心带来过多的负面影响，是应对国际金融危机的主要对策。

我们现在采取了一系列的措施——加大财政的公共支出、加大政府的投资替补出口下降的缺口，以保持一定的社会需求。如果没有这次世界范围内的金融危机，我们完全可以逐渐放缓经济增长速度，但是这次金融危机导致外需突然减少、内需跟不上去，消费不是短期之内可以调动起来的。最简单、最快的办法就是加大投资，调整货币政策取向，从适度从紧

转向适度宽松，缓解通货紧缩预期。

2008 年第四季度以来的双降措施收到了积极的效果，已打掉了通货紧缩预期，带来了资产市场的繁荣。2008 年第三季度以来，连续五次下调金融机构存贷款利率（一年期存、贷款基准利率分别下调 1.89 个和 2.16 个百分点），连续四次下调存款准备金率（大型金融机构和中小金融机构分别累计下调 2 个和 4 个百分点）。

各国在基础货币大增的时候，其信贷和货币量的增幅是在下降的。中国货币成数上升的同时，基础货币却是在下降的。中国 M2 的增长也从 15% ~16%一下子陡升到了现在的 28.5%。中国的 M2 与 GDP（国内生产总值）的差额达到 22 个百分点，是 1996 年以来的最高点。

四、正确贯彻适度宽松的货币政策，为经济平稳转型创造条件

过多的信贷投放和过量的货币供应会引发通货膨胀，20 世纪 80 年代末和 90 年代初的严重通货膨胀对中国人来讲并不遥远。相对于 8% 的经济增长和预计的 4% 的物价上涨以及 17% 的 M2 增长率，16.7% ~20% 的贷款增长（5 万亿 ~6 万亿元）是适度宽松的货币环境。2009 年上半年货币信贷的执行情况偏离了适度宽松的货币政策，为其后的经济调整埋下了隐患。在产能过剩的情况下，货币过量供应，商品价格指数虽然上不去，却可以催生资产泡沫。

五、把握时机，促使货币政策进入稳健状态是当务之急

美日欧都在考虑数量宽松货币政策退出的时机。什么时候才能退出呢？就是经济企稳复苏，信贷市场恢复正常的时候。金融机构肯正常贷款了，经济企稳了，欧美央行的短期资产便可以轻松平稳地退出。然而，我

们国家48%的贷款都是中长期贷款，也就是5～10年的贷款，我们想转型的时候，能抽得回来吗？三个月的贷款和债券的息差，当市场失去信心的时候就会扩大，现在息差在收敛，说明市场信心在逐步恢复。

任何一种情况下的结构调整、经济转型，都是不可能没有一点痛苦的。所以不要指望过度宽松的货币政策给大家带来虚假的轻松，而是应该准备好过苦日子。

第一，要理顺价格信号，发挥市场配置资源的基础性作用。调整结构需要价格的引导，所以政府主要的责任就是理顺价格信号。第二，要改革国民收入分配机制，解决中国经济二元结构的问题。我们现在是消费不足，不是投资不足。所以我们要加大的是消费，而不是投资。第三，要加强社会保障制度建设，维护社会稳定。加大社会保障制度的建设，让老百姓有安全感、敢花钱。我们进行经济结构调整的时候，其实对绝大多数人不会有太大的冲击，受冲击最大的是低收入人群和因为结构调整而失业的人群，政府应该把钱用在解决低收入人群的问题和失业人员培训再就业上面，这样才可以维护社会的稳定。第四，要制定好有利于节能降耗、保护环境的产业政策和财政税收政策。第五，要用改革促进优胜劣汰、产业升级，用技术进步提高企业竞争力。

问：刚才提到了价格信号的问题，您认为这场危机把利率市场化提前了还是推迟了？

答：我认为现在可能会延迟利率市场化改革的进程，因为会有各种各样的担心。这个时机怎么把握？我刚才说了两个原则，第一个就是经济的企稳和复苏，第二个就是商业银行肯放贷。

问：现在外汇账款还是很高，出口顺差仍然很大，这个对货币投放也有刺激作用。这个问题该怎么解决？

答：这个问题只能够从两个方面解决。一方面，现在这种状况只能做对冲，所以我讲了那么多货币政策的工具，就是给中央银行对冲工具一个主动的空间，存款准备金利率的调整不是一剂“猛药”。另一方面，我们必须调整结构，我们可以出口挣外汇，但是我们更多的是要把外汇用出去。

问：目前是否存在“国进民退”的现象？你怎么看待这个问题？怎么看待这一轮信贷扩张以后的银行资产质量？

答：关于投资这个问题，大家都注意到了2009年上半年的投资增长主要是政府主导性的，民间的投资没有跟上。不过，经济的发展动力应该在民间，政府应该是一个引导。我想中央政府已经注意到这个问题了，而且时任总理温家宝多次到各地调研的时候提到了要启动民间投资，发改委也在做这方面的调研。对于一些技术性的行业、产业和垄断性的行业，发改委正在做这方面的调查，政府也在做准备。只有民间投资上来了，才可以让经济复苏，这个问题我觉得中央政府已经认识到了。

银行的资产质量未来确实堪忧，但是这也是银行理性的选择。那么多的头寸放在那儿，有利润的压力，必须把钱贷出去。我们现在是40万亿元的存款，降1个百分点就放出了4000亿元的头寸；如果不贷出去，就差1个百分点的利润。在利润的压力下，必须把钱用出去。所以商业银行头寸过于宽松的时候，把钱投向政府项目和短期票据是理性的选择。

问：自2007年以来，人民银行和银监会都出台了对房地产，特别是第二套房贷款的很多政策，限制了成数，限制了贷款的利率。最近一段时间，监管部门又强调了对房地产贷款，特别是二套房贷款要严格地执行政策。作为经济学家和学者，我们知道美国的次贷危机也是因为宽松的货币政策，使得房价上涨，最后导致房地产泡沫的破灭。您觉得目前这种环境下，重申这样的政策是不是有必要？

答： 这个问题与二套房的政策有关，我知道很多人对政府的二套房政策不太赞成。商业银行其实特别愿意给二套房放贷，因为凡是买得起二套房的人几乎都是好客户，所以银行也愿意给二套房的客户以优惠利率，而且不打折。我觉得我们要弄清楚一个问题，中央银行和银监会之所以要控制二套房的首付成数，实际上是要控制货币创造。在这个问题上，我觉得社会没有足够的认识。大家想一件事情，如果社会上有100万元用来买五套房子，绝对来说这五套房子的平均价格是20万元。但是，有一个人不是全用自己的钱，而是只拿自己的一部分钱来买房，这时候很可能社会买房子的货币从100万元变成了120万元。如果拿120万元买五套房子，大家想想房子还能平均20万元吗？绝对不能。正因为如此，中央银行必须控制买房子贷款的成数：成数小一点，对于房价的冲击才能少一些。你把未来的购买力用到现在买房子，就必然增加了购买力。所以中央银行对于首套房要求低成数，这个是对老百姓解决自住房的一种关心，低利率也是对老百姓的关心。其实低利率首套房的政策是不对，应该是由财政做这个事情，银行是商业机构，银行吸收的是老百姓的存款。另外，现在银行上市了，银行的赢利是对股东的负责，很多的银行是股份制银行，它的赢利是对老百姓负责的。政府想鼓励谁，想给谁优惠，这是公共财政的职能，不能由银行的利率来调节，应该由税收抵扣。老百姓买第一套房子的时候办理按揭贷款，国家可以出台一个政策——按揭贷款的利率在所得税当中抵扣。不够交税条件的老百姓怎么办？国家可以给税收补贴，就是利息补贴——对穷人可以给利息补贴，对富人可以进行税收抵扣，用财政政策鼓励老百姓买第一套房子。第二套房子、第三套房子必须提高首付成数，问题不在于还款是否存在困难，而是要控制货币成数，就是信贷的投量。如果大量用贷款购买投资房，绝对会使房价上涨。

（2009年7月22日）

第 23 期陆家嘴金融家沙龙

危机后的世界

朱　民

朱民，国际货币基金组织（IMF）全球副总裁，约翰·霍普金斯大学经济学博士。2003—2009 年，任中国银行副行长；2009 年 10 月，任中国人民银行党委委员、副行长；2010 年 2 月 24 日，兼任 IMF 总裁特别顾问。主要从事国际金融、银行业务和宏观经济方面的研究。2011 年 7 月 13 日，国际货币基金组织总裁拉加德正式提名朱民为 IMF 副总裁。同年 7 月 26 日，朱民正式出任 IMF 副总裁职位，成为史上首位进入 IMF 高层的华人。

金融危机后，全球经济将迎来五个方面的变化：去杠杆化和全球经济结构的调整、新的国际货币体系的寻找和建立、中国将变成世界经济增长的中心、全球经济增长寻找新动力、全球经济格局将发生根本性变化。在此我想讨论四个问题：第一，金融危机还在继续；第二，去金融化的过程仍然很漫长；第三，实体经济的恢复还需要很长的时间；第四，危机后的世界。

一、金融危机还在继续

哪些问题还没有解决？第一，这场危机究竟损失多少？2007 年这场危机造成的损失约5000万美元。2008年以后，国际货币基金组织说可以引起1.4万亿美元的损失，英格兰银行说会引起2.2万亿美元的损失。纽约大学的教授维尼估计损失将达到3.6万亿美元，银行净损失会是3.2万亿美元。大家想一想，1.6万亿美元的核销，全世界银行总资产3.31万亿美元，再做核销就没有钱了，所以1.6万亿美元核销还是不核销，这是个问题，只要还有一半的坏账没有核销，这个世界就不得安宁。第二，我们估计整个危机会使美国背负4万亿美元的债务，现在美国不能收税而是要减税，减税金额达到3680亿美元。倘若发国债，让外国人买呢？中国已经持有8000亿美元的美国国债，全世界总共持有的美国国债到今天为止高达1.92万亿美元，是不可能让外国持有的美元翻番的。发美钞，他们第一批印发3000亿美元的美钞，第二批印发了3500亿美元。6月，美国汇率大幅度贬值，市场马上有所反映。从这个意义来讲，美国靠印钞解决问题，如果印钞不可避免的话，那通货膨胀就不可避免，全球的通货膨胀也不可避免。这件事情一定会发生，因为欠的钱是要还的，4万亿美元还不出来，光印钞解决不了问题。

这次危机形成很重要的原因就是负债太多，所以是一个去杠杆化的过程。花旗银行共有2.2万亿美元的资产，现在一分为二，做一个1万亿美元的花旗公司。三年以后，花旗银行从2.2万亿美元的大银行集团变成1.2万亿美元的银行。包括美洲银行在内的其他银行的资产都会缩小一半，估计有4.2万亿美元。如果银行资产一再压缩，怎么还会有钱贷给企业呢？去杠杆化一定会造成企业贷不到款，这样就把企业给拖死了。

整个危机根源上的问题还没有解决，与此同时，我们一致认为东欧还存在很大的潜在风险。东欧货币贬值非常厉害，从危机爆发到现在，白俄罗斯货币贬值39%，波兰货币贬值32%，匈牙利货币贬值34%，现在东欧的货币贬值情况跟亚洲国家在1998年危机时差不多。为什么货币会贬值呢？因为东欧的资本市场是开放的，市场好的时候外资拼命涌进来，市场不好的时候外资争相逃跑，这样就导致了汇率压力，货币跟着贬值。由于发展中国家的资本市场是和汇率联系在一起的，所以产生了很大的分歧。货币贬值超过30%，绝大多数企业在这个时候只有一条死路，然而最大的问题还不在这里。东欧的经常账户很大，东欧的货币贬值使资本账户资金外逃，在资本账户和经常账户两个账户的刺激下，货币贬值是不可救的，所以这才是东欧面临的最大的问题。东欧在过去十年里养成了借钱消费的习惯，在过去十年里借款约1.4亿美元，大部分的居民买好房子、好车，今年要还4000亿美元。东欧的钱是从西欧的银行借的。奥地利居然借了2460亿美元给东欧，占自身GDP的55.3%，他们的风险管理比我们差很多！现在瑞典借出1100亿美元，占其GDP的21.4%。从这个意义来讲，东欧还是有潜在的风险点。

二、去金融化的过程仍然很漫长

这一场危机是次贷危机，它之所以会发展成威胁全球的金融危机，不是因为次贷的破灭，而是它的破灭引发了下面巨大的金融泡沫。次级贷款总规模为7800亿美元，所以当初美国人认为没有问题。当次贷形成次债打包变成1.3万亿美元时，美国人仍然认为不会有任何的问题。他们没有认识到当次债打包变成CDO，客户可以从资金池满足需求的时候，这个产品就变成了6.4万亿美元，占美国GDP的50%。CDO是次债的延伸，次债是次贷的延伸，CDS最多的时候竟达到68万亿美元，这是不可想象的！一个7800亿美元的资产支撑1.3万亿美元的债券，又支撑了6.4万亿美元的衍生产品，最后支撑了68万亿美元的衍生产品的衍生产品。这是金融业犯下的错误，他们用衍生品服务衍生品，这个泡沫要去掉不是那么容易的。

流动性过剩导致钱多，钱多干什么？买资产。由此形成资产的泡沫。

资产泡沫使得外汇产品变成赢利工具，汇率的波动和利率的变化使得金融衍生产品增长，且长势迅猛，这是20年不断虚拟化和泡沫化的过程。这个过程，不是一天两天能够消除掉的。我们对全世界金融资产进行了统计：2007年1000家银行的90256亿美元，占GDP 164.6%；全球股票市值62728亿美元，占GDP 114.4%；全球债券余额79822亿美元，占GDP 145.6%；全球衍生品名义值是674420亿美元，占GDP 1229.8%。这就累积了巨大的金融泡沫。现在全世界的股票下跌50%；1000家大银行总资产96395亿美元，占GDP 158.8%；全球股票市值33299亿美元，占GDP 54.9%；全球债券余额83530亿美元，占GDP 137.6%；全球衍生品名义值649820亿美元，占GDP 1070%。

与此同时，世界发生着另外一个大的变化：外汇市场迅速增长，波动更加剧烈。外汇市场的交易，在1989年的时候，每天的交易额平均是6000亿美元；到1995年的时候，达到1.5万亿美元；1998年时，一天则达到2万亿美元，相当于中国一年的GDP。问题是，1989年6000亿美元的交易中，58%都是外币的需要，98.9%是为了投机的需求，货币本身变成交易的工具和赢利的手段。这是金融业离开实体经济进入自我服务的第一步。与此同时，金融衍生产品的增加几乎使商品价值从3000亿美元迅速增长至1.5万亿美元，上涨为之前的5倍。

当越做越大以后，世界又发生一件很大的事情。2007年私募基金的驱动占总交易量的25%，所支持的高收益债券比例是40%，首次公开发行比例是50%，杠杆收购贷款比例是50%，居然占了整个市场的一半，这是一个很大的变化。

三、实体经济的恢复还需要很长的时间

从美国的情况来看，这场危机的起点是住房抵押贷款，现在房价的调

整还远远没有到位，原因很简单，只要房价下调，整个银行资产就会下调，发生危机的过程就要再来一次，这个其实是次要的，最关键的问题在于什么呢？美国的消费是资产主导消费，美国的房价和消费几乎是并行变化的，在过去15年里，美国工资收入总量并没有增加，美国消费主要是靠资产增值把房产再融资。美国的居民消费占GDP 71%，中国的居民消费占GDP 38%，我们是处于两端，我们的消费特别低，美国的消费特别高。美国的GDP里面，70亿元是由消费构成的；美国的GDP增长里面，88%是由消费的增长构成的。88%的消费增长是从哪里来的？据统计，美国88%的消费增长是由10%富有的美国人提供的，这10%的人是靠资产消费的，所以资产价格下跌，消费就消失了，那么就没有美国GDP的增长。只要美国消费没有起来，任何讲美国经济增长的可能性都是不存在的。从这个意义来讲，美国经济还有很长的路要走。

欧洲的金融业占比特别高，占28%左右，远远超过美国和日本。现在欧洲的银行也受到很大的创伤，我们对欧洲也不看好。日本的情况也是一样的。我们把这次经济危机和1929年做了一个比较，其实完全一样，只是我们现在有所稳住了，但是能否真正稳住，还不敢说。我个人认为经济下滑是完全存在的，但是贸易下跌，贸易的下滑远远低于1929年下降，所以这波下降是非常厉害的。从现在来看，能不能说下降停止，到现在还很难下这个结论。美国的工业增长是-13.6%，英国是-11%，日本是-24.6%，所以应该说，整个经济的下滑还是非常厉害的。

总体而言，从经济角度来说，我们只是从一个垂直的下降到平行L型的底端，我们还不能说完全恢复，而且现在银行还在恢复之中，所以现在我们的经济能够止住，主要是靠政府的资金政策和宽松的流动性，这两条防止系统性的崩溃，但是并没有拉动实体经济的恢复。现在还没有看到任何统计和证据能证明已经恢复了，流动性没有走入实体经济，反而走进了股市、房市，形成了泡沫增长。在这样的情况下，我们还是不知道，这个世界将以什么样的方式走出这场危机。1913 年第一次世界大战结束以后，都要求德国赔偿。1928 年，德国要赔很多的债，德国想办法逃债，通过印发通货膨胀式的办法来逃债。1928 年在柏林一份《金融时报》是 0.7 马克，1933 年同样一份《金融时报》在柏林要多少钱呢？7000 万马克！恶性通货膨胀使德国 40% 的企业倒闭，32% 的工人失业，德国进入衰退，使得希特勒上台，使得我们进入第二次世界大战。1929—1933 年，美国进入经济危机，当时美国是资本主义上升阶段，相信市场经济，导致美国的股市丢失了 72%，美国进入 5 年的衰退，最后因为第二次世界大战全世界需要美国的商品，才把美国救起来。1999 年日本进入经济衰退，日本采取公共支出替代私人支出法，政府不断支持宏观经济增长，私人企业没有支出，政府支出，这个办法使得日本经济维持在 -1% ~1%，这样的浮动避免了社会的动乱，这是日本最大的收获。但是日本为此付出了代价，即日本的债务急剧上升。今天日本债务总额占 GDP 总额的 180%，日本是全世界负债最大的国家，他们已经破产了，他们没有货币政策，他们在支撑宏观增长曲线 -1% ~1% 波动的时候，私人企业上不来，使得日本企业没有魄力。虽然日本是世界第二大经济实体，但是它在国际舞台上没有任何的声音。今天我们如何走出经济危机？现在看得很清楚，现有的政策不足以把我们拉出这场危机，美国说要发行 1 万亿美元的国债，这不足以解决问题，至少要发 4 万亿美元。现在所有的国家都在采取日本的办法，日本的失败就是公共支出，而私人支出上不来的话，还是不行。现有美国的 7800 万美元、德国的 1.3 万亿美元、中国的 4 万亿元救市，仍然不行。所以，我们今天的救市方法是德国和日本的总和。

四、危机后的世界

未来发生的第一个比较大的变化就是因为去杠杆化和全球经济结构的

调整，金融机构的规模会缩小。我们认为整个银行业缩小是不可避免的，因为这个世界不需要 16～18 倍的金融服务，所以整个银行业在 2007 年跌掉 20%，金融衍生产品跌到 50% 是完全正常的。这场金融危机表明了监管的情况，表明了美国、意大利、英国、中国等监管的不足。现在美国积极提出一锤子非常复杂的改革，能不能实施现在还不知道，欧洲特别是英国在现有的框架下强调宏观稳定的监管，这个看来还是对的。欧洲没有集中的财政，所以它集中的监管是最弱的，但是它提出很多监管的细节。如果把所有的监管条件放进来，我们认为银行业经营模式将会发生很大的变化。首要的还是要为社会和股东长期利益服务，在过去 30 年全世界银行 LE（股权收益率或净资产收益率）的回报率是 10% 左右，在过去 6 年达到 15%，这是不可持续的，所以银行要回到稳健低增长的模式。负债管理是银行很重要的管理方面，但是最主要的是，银行会减少交易，银行会减少表外业务，所以在监管的情况下，银行的规模在萎缩，银行的业务模式在越来越多地回归到最早为实体经济服务的格局。当金融发生变化的时候，整个金融业的结构也在发生变化。我们认为欧洲的金融业影响是最大的，大家可以看到欧洲的银行业影响是最大的，2008 年与 2007 年相比，美国 1000 家银行的利润从 2700 亿美元变成 －910 亿美元，欧洲银行从 3456 亿美元变成 －162 亿美元，上升的只有亚洲银行，还有 1460 亿美元的盈余。美国的银行业还在不断重组合并和增长，我们认为伦敦金融地位大概岌岌可危，整个世界金融市场也在发生很大的变化。

我们来看金融业。第一，全球金融业的规模在缩小。第二，全球监管的框架正在从各种不同的模式走向集中、统一的监管和宏观稳定、微观稳定两级监控的模式，这个监管模式的变化使得银行的金融模式产生很大的变化，它会越来越走向保守，为企业服务，而不是为银行自己金融业服务。从区域来说，我们认为整个欧洲银行受到的冲击最大，伦敦金融业会受到很大的冲击，未来谁会成为赢者、输者，现在还没有明确的结论。

第二个比较大的变化是建立和寻找新的国际货币体系，大家意识到这个危机主要的问题是美元作为全球的货币，同时又作为美国货币的失衡。1945 年第二次世界大战以后，通过布雷顿森林体系，全世界的货币和美元挂钩，美元和黄金挂钩，美国具有全世界黄金储备的 73%，工业生产占全世界工业生产的 46%。1986 年美国进入越战，它只能靠借钱来维持财政，在它不断印钞的时候，它也在不断地逃债，黄金价格最高的时候达到一盎司 2000 美元。最后形成了牙买加协议，美元、欧元、日元三个货币互相平衡，不和任何东西挂钩，美国经济逐渐走强，最终全世界的货币和美元挂钩，而美元不和任何东西挂钩。美元是美国的货币，同时又变成全世界的货币，美国人只是为自己的利益发货币，这也产生很大的不平衡。美国可以利用它的优势向全世界借款来消费，推动和助涨了世界不平衡，推动了金融衍生品的发展。现在全世界人都认识到，美元单一的货币体系很不好。问题不在于这里，问题在于所有人都意识到今天不能以美元作为单一货币体系，但是，美元仍然占全球外汇交易的 64%，美元仍然占贸易结算的 67%。最后一个数字是非常关键的，美国的贸易只占 61%，在这个世界上不管你在什么地方做贸易，不管和谁做贸易，最后的支付手段是美元，这是美国真正的实力所在。通过美元的特殊地位，美国用世界上四分之一的经济实力动用世界三分之二的金融力量，这是美元真正的实力之所在。问题就产生了，所有人都知道，今天的美元已经不是以前的美元了，但因为没有替代品，所以美元还是美元，这就是今天货币体系最大的问题。没有替代品，所以所有人还是不得不持有美元，大家对于美元的信心已经大大削弱了，这就是为什么从危机到现在世界的货币市场非常波动非常重要的原因。现在全世界声讨美元，但是我们没有办法建立货币体系，还得使用美元，这是我们遇到的最大的问题。从这个意义来说，今后的货币体系会非常脆弱，整个汇率会波动很大。

第三个比较大的变化是全球经济增长发生很大的变化。在过去 60 年，经济都是以美国为主，然后是欧洲、日本，世界经济增长的主导一直是这三大块，但是今年第一次中国 GDP 的增长会对世界 GDP 贡献度超过 60%，这个情况还会维持两三年，中国从生产中心变成世界经济增长中心。这是一个重大经济格局的变化。

第四个比较大的变化是我们都在寻找全世界增长新的动力。谁是引领未来经济的火车头，现在还不知道。谁会制造下一个泡沫？我们看到 33 个行业，没有一个行业足以拉动或者是推动经济增长，绿色行业有可能会来替代，比如可替代能源和节能、新燃料、气候变化和环境保护、健康和老年医学、生物基因、水资源。最近提出低碳经济，我认为会对未来的发展有很大的作用，它已经越来越成为经济增长点，已经成为未来抢占经济新的制高点的重要一点了。欧盟提议，对于飞进欧盟的飞机要征收碳排放费。对所有产品的碳征税，从最早的原产地不断叠加，然后根据碳排放量进行征税。如果这个产品的碳含量从最早的原始点记起，中国还能生产钢吗？这会引起全球生产结构的变化，我相信这个时间一定会到来，这是非常严重和厉害的事情，所以低碳争夺非常厉害。

第五个比较大的变化是全球经济格局发生根本性的变化。以前的经济总是以欧美日衡量，现在经过全球一体化以后，我认为有三个集团。第一集团与消费和金融有关，通过借钱来消费。第二集团为制造业和出口，德国、日本、中国、韩国通过不断生产产品支持第一集团。第三集团是原材料和农业产品，其提供原材料给第二集团，这是过去 20 年形成的新的生产格局。现在第一集团充分认识到不能再借钱消费了，所以他们停止消费，大家可以看到居民储蓄率从 -1.2% 变成今天的 5.6%。美国人不消费是坏事还是好事呢？经常账户从 8000 亿美元的赤字变成 3000 亿美元的赤字，美国的消费者改变他们的行为非常容易，因为恐惧马上改变了消费态度。但是，第二集团它的产能是根据全世界来决定的，这么大的产能不是一夜之间可以调整的。比如，大家都知道中国有 6.9 亿吨钢的产量，这不是一夜之间可以调整的。韩国的造船业有45%的产能过剩，德国机床制造业有35%的产品过剩。所以，我们面临的调整是，第一集团去杠杆化和第二集团去产能化。这两个集团的调整怎么进行？这是一个很大的问题。现在看来，调整的过程对第二集团更为痛苦。美国2008年第四季度年化增长是-2.6%，英国是-5.9%，欧元区是-5.9%，美国是-6.2%，中国香港是-7.8%，中国台湾是-8.4%，日本是-12.1%，新加坡是-16.2%，韩国是-20.8%。现在的问题是，我们进入一个去全球化的过程，中国需要内需，出不了口，现在大家都各自进行自我满足，不再有以前的情况了。如果全球物流停止下来，全球资本又会发生什么样的变化呢？我们用美元去买他们的国债，美国的就动起来了，如果没有贸易，我们还要美元干什么？今年全世界GDP增长-1%左右，贸易增长-8%～-6%。未来这个世界会是什么格局？如果这个格局维持的话，我们还有全球化吗？或者我们应该怎么样定义新的全球化？这个是我们现在面临的特别重要的问题。

现在面临更大的挑战，我们要重建全球治理机制。我们一直说我们是全球化，大家都承认现有的全球化治理。冷战结束后，美国成了唯一超级大国，但是遗憾的是，仅仅20年的时间，美国就证明它作为世界唯一的超级大国，无法维持世界的平衡和可持续的增长。第一件事情是“9·11”事件，第二件事情就是这次金融危机，这次金融危机否定了美国在世界上的领导地位，现在是在寻找新的全球治理机制。这是全世界面临的一个历史性的机会，现有的体制已经不足以维持全球经济稳定增长了，这是我们现在在世界上遇到的更大的问题。毫无疑问，现在这个世界正在进入新的时期，我们都在寻找新的世界，这一定是新的动荡时期。刚才我说虚拟经济在动荡、在调整，汇率货币体系在动荡、在寻找，整个世界去杠杆化和去产能化的过程是一个动荡的过程。世界在寻找一个新的世界，但是到现在为止没有人知道这个新的世界是什么，所以我们都在寻找作为国家、公司、个人，未来全球竞争的制高点，对所有的国家、公司、个人产生重大的影响，尤其是我们理解的未来。谢谢大家。

问：您认为危机对于中国的机遇在哪里？另外，您对通胀和通胀预期的问题有什么样的想法？

答：中国消费现在增长很快，16%～17%的年增长率，但是消费总量很小。如果美国的消费起不来，中国的消费是补不上去的，中国的消费总量太低，世界其他地方能补的也不多，所以肯定会下跌。有无数的理由说消费者的信心上升，基础事实表明，消费这一块没有起来。

关于通货膨胀，我们来看6月，市场很担心美元疲软和通胀，央行做了很多的工作，逐渐引导利率下行。不能说市场认为通货膨胀不存在，作为货币现象的通货膨胀是存在的，但是作为实体经济的通货膨胀不存在，因为存在产能过剩的现象。我们来看中国CPI（居民消费价格指数），每个月是－1%～－1.2%。我个人相信，我们正在面临一个新的世界，这个世界是我们从来没有见过的。所以从现在的意义来说，不能说通货膨胀这个事情不存在，而且按照现有的规模，通货膨胀要起来，会非常快，因为流动性宽松得厉害，现在最大的问题就是流动性泡沫一走就走到产品市场和房地产市场，还是不走实体经济，所以最后的通货膨胀都表现为跟股市、资产挂钩。所以到现在为止，这个复杂的局面，很难说通货膨胀不会存在，最多大家可以说到2009年年底，通货膨胀不是主要的威胁。但是从中长期来看，世界的通货膨胀是不可避免的。

（2009年9月5日）

第32期陆家嘴金融家沙龙

国际银行监管改革和巴塞尔协议Ⅲ

罗　平

罗平，现任中国银行业监督管理委员会培训中心主任。曾任中国银行业监督管理委员会国际部副主任。

如何把整个大的监管环境和银行发展方向结合起来？如何把中国的监管政策和国际的监管政策结合起来？这是两个命题。我认为，自中华人民共和国成立以来，国际监管政策从来没有对中国的监管政策产生一对一的直接影响。此外，中国现在的积极态势，与其说是积极地与国际接轨，不如说是借国际之力办好中国自己的事。尤其是第二个命题，就是所谓的“以中为本，以西为用”，或者说，改革开放要结合中国国情。

金融危机之后，国际上出台了一系列新规，但只有两个新规对整个国际改革影响最大。第一个是G20（20国集团）报告。G20报告是沃尔克主导起草的。第一条建议就是禁止商业银行从事高风险业务，禁止商业银行拥有私募资金、对冲基金。目前，国内外一些专家学者认为沃尔克规则是维持美国银行业40年繁荣稳定的制度框架，但实际上不是。维持美国银行业40年繁荣稳定的是《格拉斯—斯蒂格尔法案》。《格拉斯—斯蒂格尔法案》禁止商业银行从事证券买卖，不许拥有银行外非银行金融机构。第二个是英国的《特纳报告》。《特纳报告》从具体的政策到理论框架深刻剖析了金融危机的根源，并提出了一系列解决办法，并认为发达国家所奉行的有效市场理论是错误的，放任自由的监管方式也是错误的，以“原则导向、风险为本”的监管也是有问题的。这是对西方认识问题理念的一个巨大的冲击。同时，《特纳报告》还把英国现在的问题一一列举出来，并提出一套改革措施。值得一提的是，目前国际上的改革措施大都源于《特纳报告》。

一、巴塞尔协议Ⅲ的背景及主要内容

G20 改革措施最终将由巴塞尔委员会落实监管责任。巴塞尔委员会在 1988 年提出了巴塞尔资本协议，2004 年推出了巴塞尔协议Ⅱ，2010 年新推出了巴塞尔协议Ⅲ。巴塞尔协议Ⅲ从资本着手，提高了为资产证券化提供流动性支持或信用支持的资金的风险权重。2009 年 12 月，巴塞尔委员会出台了《增强银行体系的稳健性》文件（其背景及内容见下表）。核心内容是提高资本的质量，在此基础上增加新的指标——杠杆比率，并提出一些反周期的资本要求等。但是，遗憾的是，这些方案没有具体化。

巴塞尔委员会的《增强银行体系的稳健性》的背景及主要内容

背景：危机出现反映出许多问题	■ 许多国家的银行体系表内外杠杆率的过度积累 ■ 资本质量和水平不断受到侵蚀 ■ 许多银行流动性储备不足 ■ 银行无法应对影子银行积累的大量表外风险暴露的“重新中介化” ■ 亲周期的去杠杆化，由一些复杂交易导致系统重要性机构之间的关联性，进而导致金融危机进一步恶化
主要内容	■ 提高资本基础的质量 ■ 扩大资本框架的风险覆盖面 ■ 引入杠杆率作为新资本协议风险资本框架的补充措施 ■ 防止亲周期性 ■ 重视系统风险和风险的关联性 ■ 建立针对国际活跃银行的流动性最低标准

巴塞尔委员会主席威林克曾提到："监管制度也必须对危机产生负责任。尽管新协议比老协议完善很多，但仍存在一些突出的缺点和问题。当然，许多缺点我们是清楚的，但没有能力予以有效解决。目前，在金融危机的影响下，人们开始重新讨论这些问题。"事实也是如此。巴塞尔新协议解决的仅是如何变动分母，而分子丝毫没有变动。实际上，在巴塞尔委员会出台新协议时也明确表示新协议的目的是确保现有银行体系资本维持现状。因此，包括巴塞尔委员会之前修订过的资本协议在内，均没有修订资本的重要组成部分。而所谓的核心资本也是塞了很多"私货"。例如，股本不仅包括普通股，还包括披露出来的公开储备、创造金融工具、一定程度的商誉和其他无形资产。不仅如此，在此之前，巴塞尔委员会没有对资本定义做非常严格的处理。因此，需要还原资本金本来面目，把它纯洁化。原则之一就是核心资本中一定要以真金白银为主，把"私货"都剔除。

重新定义资本的内容，见下图。

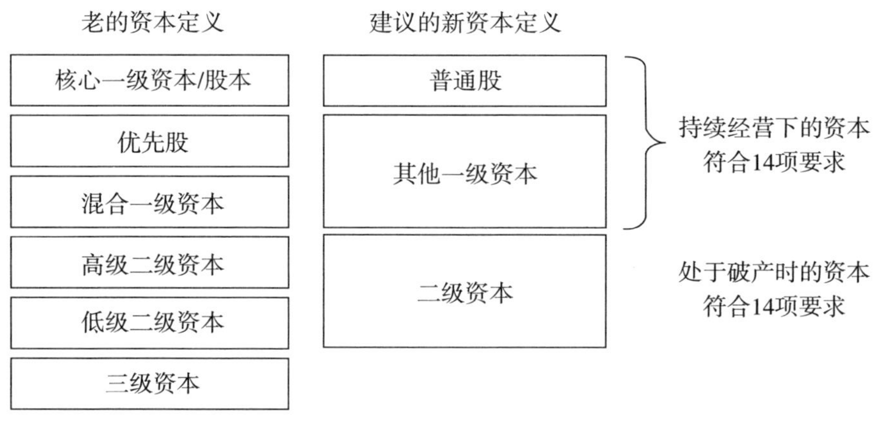

重新定义资本的内容

资料来源：巴塞尔委员会的巴塞尔协议Ⅲ征求意见稿。

监管制度除了还原资本本来面目外，还引入了一个新的指标——杠杆倍数。杠杆倍数相当于总资产除以资本。事实上，杠杆倍数这个指标早在二三十年前发达国家就开始使用了。但在巴塞尔老协议和新协议中取消了这一指标。之所以巴塞尔协议Ⅲ又使用了这一指标是因为：巴塞尔新资本协议主要是用提高计算资产风险大小敏感性的资本充足率管理办法。所谓风险敏感性，是指风险越高，资本充足率要求越高；风险越低，资本充足率要求越低。但是，在实际操作中，国外上市银行却通过各式各样的手法，比如资产证券化、表外机构、SPV（特殊目的载体）等方式从表面上将风险从资产负债表排除出去了，监管部门也没有办法。2007 年美国整个商业银行的杠杆比率是 13 倍，但美国前十家大银行的杠杆比率却是 34 倍。鉴于此，巴塞尔委员会提出巴塞尔协议Ⅲ重新使用杠杆倍数这一指标。

除了修订资本定义、引进杠杆比率外，巴塞尔委员会还提出许多措施，如前瞻性拨备、留存资本、流动性指标。

二、各方对巴塞尔协议Ⅲ的反应

（一）国际金融协会

国际金融协会（Institute of International Finance，IIF）是目前唯一和最具影响力的全球性金融业协会，总部设在美国华盛顿。其成员包括世界所有的主要商业银行和金融投资机构，以及资产管理公司、养老基金、评级机构和保险公司等，共计 400 多家，来自 70 多个国家和地区。中国银行等中资银行及非银行金融机构也是其成员。该协会反对强化管制，反对严格标准，突出“政治”。其对巴塞尔Ⅲ的反应主要表现在：

①作为全球监管制度的重大改革，原样实施会严重影响金融业和世界经济发展。

②某些措施有违改革的方向，不可推翻以风险敏感为特点的监管体系的主导地位。

③应全面分析包括资本定义，以及扣除过于严格、杠杆率指标不可进第一支柱、反周期资本触发指标不可机械、流动性指标不可一步到位等叠加影响。

④所有主要金融市场同步、一致、统一实施。

⑤诸多新领域、一刀切强化管制、弱化监督，效果难以预料。应通过第二支柱解决问题。

⑥新兴市场国家同样按大原则实施，但可保持一些灵活性。

（二）世界银行

世界银行是国际组织，力求作为非巴塞尔委员会成员，特别是贫穷落后发展中国家的代言人，比如说非洲。世界银行认为巴塞尔委员会出台的新政策，一方面没有考虑贫穷落后的发展中国家的状况；另一方面，新政策的具体措施，特别是流动性问题太严，影响太大。希望巴塞尔委员会制定一个全球范围内普遍适用又简单的准备金计提标准。这等于与国际会计准则和巴塞尔委员会唱反调，否认了 G20 和巴塞尔委员会等现有格局的代表性，提出了无法解决的新问题。具体来说，世界银行认为：

①两个文件对非成员国不一定适用。

②未考虑非成员国的校正结果是次优的，对提高全球和各国金融稳定性作用有限。

③一些世行成员国不存在流动性问题，流动性方面的要求过严，负面影响较大。

④应建立全球简单化的准备金计提标准。

⑤将杠杆率逐步纳入第一支柱，理由不充分。

（三）泰国中央银行

泰国中央银行认为巴塞尔协议Ⅲ缺乏针对性，支持原巴塞尔新协议，反对强化管制。其认为：

①文件没有解决金融危机的根本成因。

②政策变化过快，走向过于严格的极端。

③各国实施上应具有较大的灵活性。

④杠杆率应作为第二支柱下的前期预警指标。

⑤新要求对银行采用内部评级法和内部模型有负面影响，部分银行可能退回使用简单方法。

⑥流动性资产的定义过于严格，会提高银行的成本并影响经济发展。

（四）中国

中美两国《公报》指出：中美双方将继续改革各自的监管框架，使金融机构在金融系统整体稳定的环境下支持实体经济，促进创新。具体来说：第一是资本。双方支持在全国范围实施更高水平和更高质量的资本要求和反周期的缓冲资本作为巴塞尔协议资本框架的要素。第二是流动性。支持提高流动性风险要求和设立前瞻性的拨备，以降低银行承担过度风险的动机，创造一个能抵御负面冲击的更强健的金融体系。第三是杠杆。双方支持引入一个杠杆率标准作为巴塞尔协议基于风险的框架补充措施。此外，中国银监会也支持有关资本和流动性改革的大方向和整体思路，但认为国际标准不应该过于僵化，也不要特别具体，应该有效把握好全世界统一性和各国自裁权，给各国监管当局更大的灵活性，维护国家利益。其主要认为：

①支持资本和流动性监管改革的大方向和整体思路。

②更多考虑了欧美国家银行的业务实践，没有充分考虑包括中国在内的新兴市场的实际情况。

③国际监管标准不应过于僵化和过于详细，应有效权衡全球统一性和国别自裁权，给予各国监管当局更大的灵活性。

④不赞成无形资产、递延所得税资产、少数股权的处理方式。

⑤0 折扣高质量流动性资产不计入资产，不同表外项目按照 CCF（作用风险转换系数）计算风险暴露。

⑥不支持对大银行施加额外资本要求。

⑦额外资本和反周期超额资本不宜分开处理。

⑧赞同反周期超额资本监管的原则，而不是制定过于细致的规则。

事实上，巴塞尔委员会新出台的措施对发展中国家，尤其是中国影响并不大。因为发展中国家大多是传统商业银行业务，而发达国家由于资本市场和银行市场业务的防火墙被打通了，造成跨业风险。虽然这种风险中国也有，但很小。因此，中国执行这些制度时没有太大的困扰。再者，从理念上讲，不论是提高资本质量，还是增加流动性指标，都是有道理的。这就意味着新的制度规则一方面是合理的，另一方面也是符合中国国情的。

对话

问：从巴塞尔协议Ⅲ的内容来看，资本方面我们国家已经提高银行资本金，杠杆率和流动性风险我国也做得比较好，但感觉前瞻性的拨备方面，不管是外部还是内部，对地方融资平台的风险均比较重视。巴塞尔协议Ⅲ在这方面如何体现？

答：现在国外的提法是建立前瞻性拨备，不是我们所谓的动态。什么是动态？现在没有定论。实施所谓前瞻性拨备，要以制度为主。但同时，要加入银行乃至监管部门的主观判断。那么，在国际上还没有定论的情况下，中国该怎么做？中国的做法应该是更多地利用监管当局的正确判断，依据监管当局判断商业银行资产的质量。具体来讲，银监会在没有改变贷款分类或者准备金计提制度的前提下，通过调高最终的拨备覆盖率来达到重组计提。也可能用到会计部门难以接受的提法：以丰补缺。会计部门反对管理利润或者烫平利润波动，而监管部门要有前瞻性，要考虑到可能发生的损失。具体来讲，我国的准备金制度，特别是中小银行是按照分类的结果计提专项准备。正常贷款1%，关注贷款2%，次级贷款25%，可以贷款50%，损失100%。但实际上，许多银行三四年前各类档的计提标准已经远远高于监管确定的指标。例如浦东银行，其可疑类资产计提70%，远高于银监会要求的50%。银监会首先应该解决分类不准，乃至分类不准造成的计提不准。其次，要更多地考虑经济周期的变化。比如，2009年9.6万亿元中有3.5万亿元发给了政府平台公司，政府平台公司去年贷款增长速度高达70%。但这块损失到底多大？即便在没有历史统计数字的情况下，也应该把可能发生的损失考虑在内。总的来讲，这是一个监管的判断指标。2009年年底平均整个银行业不仅达到并超过计提标准150%，而且整个银行业的计提标准达到164%时，银监会也没有要求商业银行进一步增大拨备。

问：从我们国家来讲，并不是所有的银行都已经实行了巴塞尔协议Ⅱ。银监会也是说要全面实行巴塞尔协议Ⅱ的方向，但没有定实际的时间表。现在巴塞尔协议Ⅲ都出来讨论了，是不是意味着银监会不会继续跟进要求所有的银行都要符合巴塞尔协议Ⅱ？

答：首先，中国对为数不多的大银行，特别是在国外设有分支机构的大银行，恐怕是一定要实施新资本协议的。作为全世界前几大银行，能实施新资本协议也代表风险管理水平的提升，有助于提升声誉。实施新资本协议，监管其实是次要的。其次，银监会现在的指标，也就是时间表似乎没有任何的变化。从2010年开始三年的过渡期，也就是说，到2013年这些大银行应该实施新资本协议。但的确由于我国现在还没有实施新资本协议，新的国际资本监管又出来了，这不免为我国实施新资本协议增大了难度。而且，新资本协议的确有一些不足之处，我们恐怕还没有看到。比如，新资本协议最后明确提出：对于那些实施复杂量化手段计算资本充足率的银行，可以给予一定的优惠。第一年减少5%，第二年减少10%，第三年可以减少15%。这反映的是背后的监管理念：即便风险都是一样的，但风险管理水平不一样，结果也不一样。从次贷危机我们可以看出，制度本身也是自欺欺人，是荒唐的。因此，对我们的挑战，应该是真正把握、去伪存真，寻找出哪些是既合理又符合中国国情的，哪些是不符合中国国情又不合理的。这是非常大的问题。

问：过去是基于复杂的风险监管制度，而巴塞尔协议Ⅲ是比较简化、比较简单的，或者说更稳健的。怎么看这个问题？

答：很清楚，按照我们的话讲，国外被监管的对象把监管当局搞定了！整个监管当局在设计监管制度的时候，是为被监管对象服务的，这个轨迹非常清楚。美国现在不仅要动监管制度，还要动监管制度框架、组织结构。

问：我提供一个反方观点。我在投行有很多朋友，听他们的观点比较多。不管CDS也好，还是其他的证券化产品也好，既然有这么大的市场，就有需求，每种产品最终的需求应该直接或间接体现在实体经济。这种情况下，我们到底说CDS不好，还是CDS没有监管好？如果不考虑政治因素，应该如何看这个问题？

答：这个问题可以简单化。引入新产品之后，是否具备监管新产品的能力？中国对这一问题的反应是，看不准、管不好的干脆就不允许你做。西方人的思路不同，他们不采取结构措施，也不采取叫停的方式，而是设立激励机制。有正面机制，也有负面机制，通过机制来促使你到底是做还是不做。

（2010年6月8日）

第35期陆家嘴金融家沙龙

危机后的全球金融新格局

沈联涛

沈联涛，清华大学和马来西亚大学兼职教授，中国银监会首席顾问。毕业于英国布里斯托大学，并获该校颁授经济学一级荣誉学位，1999年被该校授予荣誉法学博士学位。2003—2005年，担任国际证监会组织技术委员会主席；1998年10月—2005年9月，连续担任三届的香港证券和期货委员会主席；1993—1998年，担任香港金融管理局副总裁，掌管储备管理部及外事经研部；1989—1993年，于世界银行任职，担任金融发展部高级经理；1976—1989年，曾担任马来西亚中央银行的不同职务。

金融并不是简单的工具，它的发展与国家的体制、政治和理念等密不可分，息息相关。经济的全球化带来金融的全球化，金融危机的硝烟也随之蔓延并扩展，并会对国际金融格局的演化带来深远的影响。这次金融危机的问题是非常复杂的，三年之内我们做了大量的改革，但改革解决了问题没有？表面上，国际社会好像做了很多事情，比如G20达成共识，但实际上在政策落实方面完全没有共识，每个国家都只顾自己的利益。再比如说巴塞尔协议Ⅲ，巴塞尔协议Ⅲ中有很多的妥协，但实际上要等到2019年才完全落实。美国政府说我们做了改革，我们要去惩罚这些银行家，但你知道共和党在干什么吗？他们的口号是说我们的财政赤字太大，要减费用。减谁的费用？就是要把全部金融监管的费用砍了，让你没有资源去追究这些案例，解决问题。我们越来越看清楚，这次危机的背后有一个很大的政治因素，因此要分析这个问题不是那么简单的。金融不是那么简单，它是跟整个体制、政治、理念息息相关的。

一、系统性危机

这次危机是一场系统性危机。英国银行的行长说过一句话："银行业是生于全球，死于国家。"最典型的是冰岛，冰岛的 GDP 是 70 亿美元，但它的银行资产是其 GDP 的 12 倍，而这次危机的亏损为 1000 亿美元，亏掉冰岛七八年的 GDP 都还不了。现在安然不是面对同样的问题吗？葡萄牙不也面临同样的问题吗？它们的银行资产全部大于它们的 GDP，每年的 GDP 亏完了都赔偿不起，那谁来分担这个问题呢？这个问题是系统性的问题，它不是一部分出问题，而是整个系统有问题。那么，系统性有什么问题呢？架构性、激励机制、流程、关系、互动的反馈机制、理念，都有问题。我画了一个简单的图，见图 1。

先看一下结构性问题是什么。是过度消费。我曾经说过很多次，同时有两个危机，一个是急性的金融危机，另一个是全球回暖长期性的危机。这两个危机的基本因素都是人的过度消费，金融危机是过度消费和过度借贷并存。但实际上，基本的问题仍是过度消费，过度消费耗费大自然，连大自然都出问题了，风险已经不是偶然了。

二、宏观层面：全球失衡（全球货币政策的特里芬两难）

先说全球失衡的根本问题。1945 年之后美国称霸，美元是全球领先的储备货币，但是 20 世纪 70 年代它跟黄金脱钩，因为人们已经开始过度消

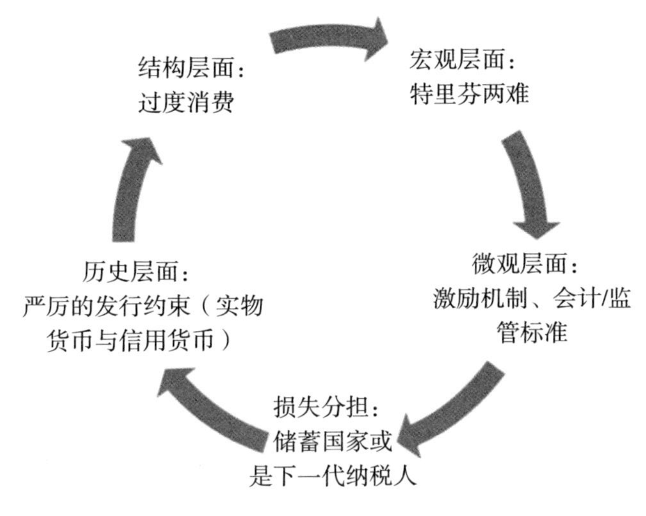

图 1　系统性问题

费。法国 20 世纪 60 年代末跟美国说我不要美元，要黄金。记得 1971 年之前是 35 美元一盎司黄金，今天是多少？1400 多美元，因此实际上美元贬值贬得很厉害了。因为我们一般还是用美元结算，所以没有觉得贬值，但实际上抓住美元的后果就是贬值。天下没有免费的午餐，美联储面对特里芬两难，其货币政策要比国内流动性的需求更大，那么它就要印钞票，但印钞票出现一个什么问题？就是需要有贸易顺差，但美国每年连续的贸易逆差就导致全球失衡了，这是一个很简单的大道理。美国的民族理念有一个大毛病，每天企业家都说政府一定要减税，你越减税我就越自由，越自由我就越创新。但是美国的老百姓说，我们是民主的，你要给我福利，越多的福利越好，那么你又要减税，又要加大开支，只有一个结果，就是赤字。现在美国不断有赤字，所以它就变成一个虚拟经济。在 2000 年的时候我们说虚拟经济很好，靠虚拟经济就可以挣钱，但是现在美国发现危机一来了之后虚拟经济变得没有就业了，因为你不可以完全虚拟，金融实际上就是最大的虚拟经济。所以，美国从这个赤字开始，逐步发展为虚拟经济的泡沫，最后演变成为金融危机。

从国际上来看，随着多元化的全球体制逐步发展，全球性的金融市场已经建立，但问题是我们有一个全球的金融市场，却没有一个全球的央行，也没有一个全球的监管机构，更没有一个全球的财政机构。欧盟发觉了，本来它以为有一个欧元、一个欧洲的央行、一个欧洲的监管机构就可以了，但这次欧洲债务发生危机后，我们发现如果没有一个全球的央行、全球的监管机构、全球的财政政策的话，全球单一的货币是很难建立起来的。

三、微观层面：货币、财政、监管政策失误以及理论错误

最关键的问题是什么呢？就是全球失衡亏损分配的问题。有钱的国家开始去杠杆化，增长率降低，货币要贬值。而新兴国家开始通胀，资产泡沫，资本金热钱流入，货币升值。如果不小心的话，大量热钱进入小国家很容易会重复一个亚洲金融危机。如果不解决宏观的问题，微观的问题也很难解决，问题在哪里呢？先从美国说起，欧洲也有同样的问题，现在三大经济体，美国、欧盟跟日本都犯这个毛病，货币政策过度宽松，财政赤字越来越大，监管基本不足。而问题的根源就是格林斯潘的自由市场学派，他的理念就是说市场会调整自己的，但对于金融企业来说，你如果监管我，我就会把业务搬到离岸市场去。所以，美国一开始监管它就跑去伦敦，伦敦一开始监管它就跑去中国香港、新加坡，中国香港、新加坡一开始监管它就又跑到其他地方，而本土的监管机构是看不到问题的。最典型的就是 AIG（美国国际集团），AIG 亏损最大，不是它传统保险业的问题，是它去炒金融出现的问题。传统银行有三个大的功能——保护产权，降低交易成本，加强透明度治理结构，这个大家都知道。影子银行变成什么呢？自营，就是它已经不是一个代理人，它是反客为主，为什么会反客为主呢？因为我的投行大过你国家，出了问题你是肯定要救我的，但是我赚了钱是我

的，亏了则是你的，所以它会把交易快速化和复杂化，这样一来就把市场秩序搞乱了。影子银行现在有多大呢？美联储做了一个报告，在最高峰2007年的时候，它的资产达到20万亿美元，多过传统银行12万亿美元。

未受监管的影子银行，其负债规模远大于传统银行，见图2。

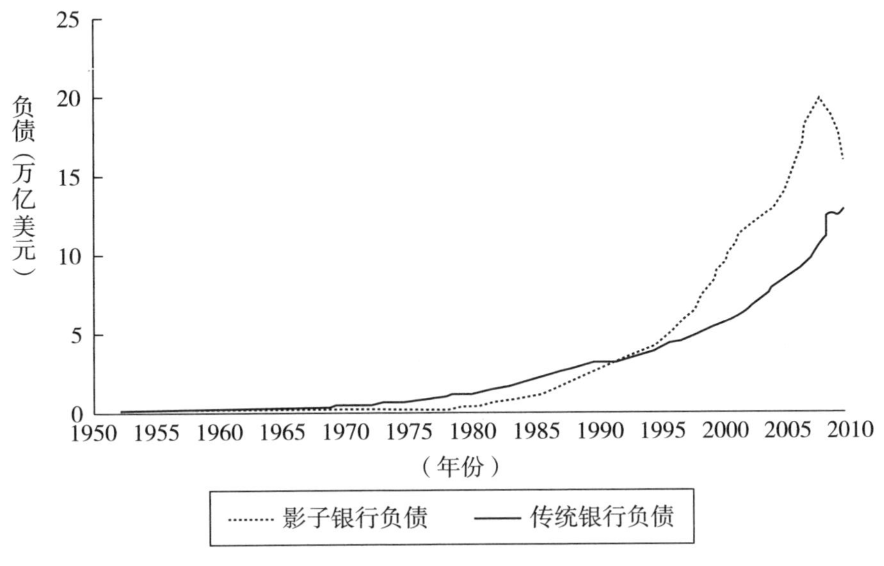

图2　影子银行负债与传统银行负债

资料来源：How of Funds Accounts of the United States as of 2010：Q1（FRB）and FRBNY.

图3是AIG的研究人员绘制的，它分析全美国的影子银行的关系，结果却复杂到大家都不明白。那么，最大的问题实际上是什么呢？金融是实体经济的一个衍生产品，但是它靠杠杆率越来越大。1980年的时候金融界资产等于100%的GDP，现在基本是5倍大，还没有算衍生产品进去。金融界本身应该是为实体经济服务的，但是现在我大过你，那么我倒闭了你要倒霉，因为我已经绑架了你。

四、经济金融的脆弱性

凯恩斯的徒弟明斯基说过，资本主义的经济是存在内在的缺陷的，因

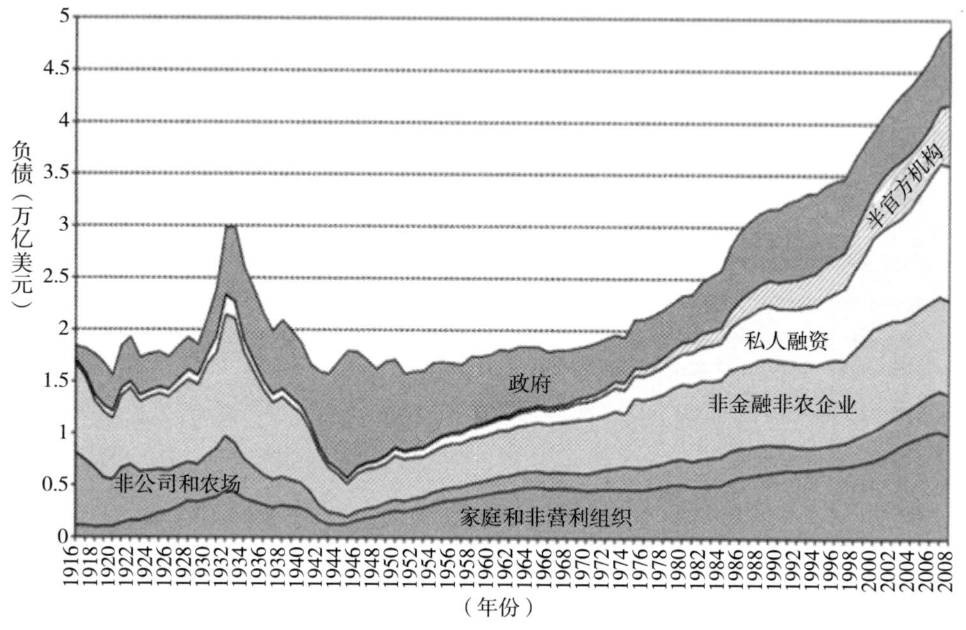

图 3　相对于 GDP 的总金融负债

资料来源：《美国历史统计大全》。

为其投资和融资的过程将会引入内在的破坏稳定的力量。古典经济理论，其错误在哪里？错误在于很多人看问题是看流动量，却没有看资产负债表。最大的资产负债表是什么呢？就是金融，金融有一个杠杆性，这个杠杆性基本是脆弱的。为什么它脆弱呢？金融跟实体经济的关系是什么？实际上就是流动性、融资性。流动性风险在哪里呢？可以分三类：第一类是对冲型的融资，就是说我借钱，我可以还利息，还本，是没有风险的。我的项目完全可以还利息，完全可以还本，我没有风险。第二类是投机性的融资，我可以还利息，我不可以还本，已经有风险了。我相信你会还我的利息，这还可以，但是你不可以还本，你永远不还本吗？当然有风险了。第三类是庞氏融资，这是最可怕的，实际上就是庞氏骗局，就是借李还张。只要李先生肯借给我，我就可以还张先生，这就是现代金融市场最大的弱点，不但在美国、欧洲有这种情况，在国内也有。

金融工程靠杠杆。外汇套利其实是投资银行跟大银行对赌汇率。套利有很大的杠杆效应。我在外汇里面套利，实际上是大银行跟你借钱，其实是投资银行跟大银行对赌汇率。你越做套利，我越有大的杠杆效应。目前，影子银行的贷款的杠杆效应，没有一个央行算进去，我们为什么要有一个货币政策？因为我们知道，如果银行过度印钞票会导致通货膨胀，会导致金融不稳定。但是现在影子银行的衍生杠杆，美联储不管，欧洲银行也不管，那么这个影子银行的杠杆算在谁的身上？没人算。更多的影子银行的信贷会导致更低的利率。2004 年伯南克有一个很有名的说法，他说："我们美国不能有很紧缩的货币政策，是因为你们东方的储蓄太多了。"但是亚洲储蓄有多大？最多 4 万亿美元，2004 年前是 2 万亿美元。2007 年影子银行的贷款有多大？有 20 万亿美元。所以，过度的流量是我们造出来的，还是影子银行造出来的？伯南克实际上没有管好影子银行，也没有把真正的影子货币算进货币杠杆里。利率低有两个效应：一个是利率越低，你的衍生产品的价格越高，债券市场的价格是跟利率倒算的；另一个是利率越低，你的债券价格越低，而利率越低，你的股市泡沫越多，整个市场的资产泡沫越多。如果用会计来计算资产，资产是膨胀的，负债去哪里了？这就是会计微观准则的大毛病，会计准则说我算不出来风险在哪里，在表外，但是危机来了，如果表外的负债完全渗到表内就麻烦了。如果都像格林斯潘一样，股市一跌的时候央行就出来减息、救市，这时投行、对冲基金、影子银行就会去对赌，反正输了就让央行出来救，可见这次危机的根本原因是微观跟宏观激励机制的大问题，是一个道德风险的大问题。现在影子银行有监管吗？没有监管，现在只监管传统银行，没有监管投资银行。

金融工程虚幻的流动性，见图 4。

五、损失分担

金融带来繁荣，大家可以说很开心，但是最后谁埋单？美国本来说次

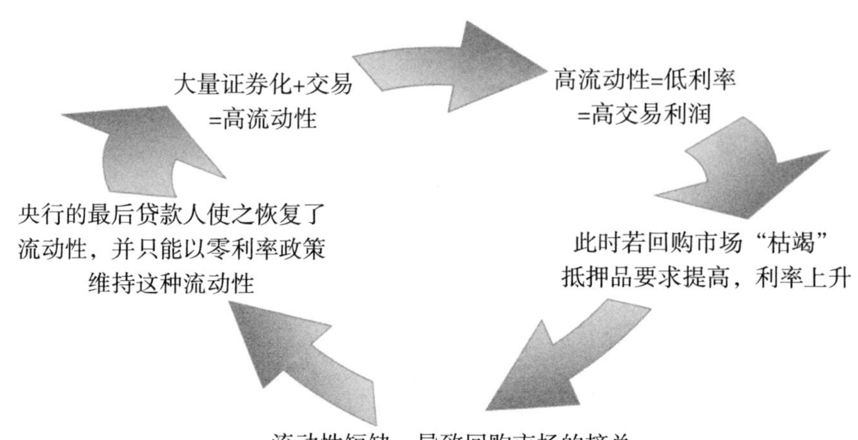

图 4　金融工程虚幻的流动性

贷危机的损失是 1500 亿美元，最后政府却要 13 万亿美元去救，如果真的要出 13 万亿美元，还不如给穷人还次贷按揭，但是没有这么做。实际上，救的不是按揭的借款人，救的是华尔街。问题是什么呢？它最大的问题是华尔街的薪酬，代理人吞噬了委托人的利益，华尔街控制、绑架了美国政府，美元绑架了全球。在 2008 年的危机之年，全球十大顶尖银行的薪水从 1999 年的 310 亿美元飙升至 2008 年的 750 亿美元。此外，给股东的总回报却只有 175 亿美元。管理层拿了 4.3 倍于股东的回报，使得“委托—代理”关系严重扭曲，金融部门的损失只能用未来的税收（表现为巨大的政府赤字）或者是通胀去弥补。

危机的后果是银行不良资产成了公共债务。亚洲金融危机有两个典型：一个是日本。日本 1990 年有一个大泡沫，股市大跌，后果是日本的债券是 200% 的 GDP。意思是说，日本在处置 1990—1995 年泡沫与银行亏损时，整整增加了 200% GDP 的公共债务。另一个是印度尼西亚。印度尼西亚的银行亏损是 50% 的 GDP，印度尼西亚的国债在亚洲危机之后增加了 50% 的 GDP。现在美国不也是一样吗？你的银行业救了，亏损多大现在还没有完全算出来，但是很简单，美国的房地产 GDP 有多大？225% 的 GDP。

跌了多少？两成。两成乘以225%，就等于45%的GDP。美国的国债增加了多少？50%的GDP。实际上就是说，整个金融业的亏损搬到了财务上，也就是说，现在的亏损由下一代持有我的债券的人埋单。目前，全世界净政府负债总量已经从2007年的23万亿美元上升到2010年的34万亿美元。IMF预测负债水平将会在2015年达到48万亿美元。而全球债务总量占全球GDP总量的比重已经从2007的44%上升到2010年的59%。OECD（经济合作与发展组织）发达国家债务总量从2007年的50%的GDP上升到2010年的100%的GDP。

六、资本流动：通过贸易和资本流动所致的东西方之间的失衡

全球失衡热钱的问题是一个全球范围内的结构性的问题，无法单从新兴市场解决。现在大量热钱跑进来，我们的储蓄也达到了55万亿元，形成全球私人部门受益，地区、公共部门受损的局面。这也就是亚洲金融危机的大问题，即资本流动的集体陷阱，这是全球的影子银行在流动，没有一个国家可以解决这个问题。问题究竟是什么？就是过度消费。过度消费是什么意思？就是过度借贷。什么是过度借贷？意思是说，今天用，明天还。而解决这个问题只有一个办法，就是纳税，你要消费就纳税，来降低你的消费。但现在的大问题是什么呢？是私人部门消费而让政府还，政府哪里有钱还？如果政府不肯收税，那就只有支付，也就是只能印钞票了。

以外汇市场为例，我们鼓励外汇市场零交易税，但是谁在里面做杠杆呢？基本是五大投行，大的对冲基金在控制外汇市场。而谁在监管这个市场？到今天有没有一个全球的监管机构说外汇市场里面有内幕消息，操纵市场呢？没有，因为他们的银行是大赢家。所以，我们缺少一个托宾税和更完善的监管。外汇市场不稳定是因为一个国际大赌场的问题，这也是影子银行杠杆的效应，没人管，没人看。对资本流动管控的单个国家的行

动，不能解决“个人得利，社会受损”的根本问题。

七、托宾税

为什么外汇市场需要一个托宾税和监管呢？这个问题比较敏感。现在全球最大的问题是什么？第一，银行业、金融业赚钱高于实体经济，这是一个怪象。现在问题是什么？我们现在已经处于后危机时代，危机之前美国的财政还是比较可以的，基本是 50% 的 GDP，但是现在美国政府是 100% 的 GDP 了，政府的救市能力已经受到限制。如果我们这样搞下去，美国的去向是什么？美元的去向是什么？这是令大家很担忧的问题。最近我在《财经》写了一篇文章说，“大家看的是日本的大地震，我自己认为最大的大地震是全球最大的债券资产管理者说，我的资产里面美国债券、国债是零”，不是说降低，而是零。如果亚洲某一个国家、某一个资产管理者说我不持有我自己国家的债券，这个后果是什么？这是不可想象的。但是美国却说了出来，它的道理很简单，以前美国国债五成是由外国购买的，一成是由美联储买的，四成是由其他基金、银行买的。现在宽松货币政策来了之后，零利息之后变成什么情况？美联储买了七成，外国买了三成，美国自己的基金基本没有买美国债券，你说如果自己的基金都不信自己的国债的话，那这个问题有多严重？再说外汇套利的问题是违规了公平市场的情况。因为我只能炒外汇，跟投行对冲，但我亏损了没人救我，投行亏了却有政府来救，而实际上我也交税救它，这是不公平的。第二，现在全球的交易基本上是集中化了，基本上大的交易是 5 ~ 10 家银行，为什么这些大银行希望跟索罗斯和巴菲特打交道？因为可以知道他们的资金流向是什么。你现在看美国的案例也是假的，有人打电话通告说谁在买、谁在卖。外汇市场如果看到他的趋向的话，他是我的代理人，他看到我的盘，我看不到他的盘，这公平吗？实际上这个问题在于，西方监管机构没有切实实行市场公平理念。

谁在说应该做托宾税呢？是英国金融服务管理局的主席。他认为，金融部门已经成了“永恒繁荣机器”，在道德风险下，托宾税或者流转税是全球财政改革的第一步。虽然美国和英国是不支持的，但是我认为如果有日本、印度、中国等新兴市场的支持，加上欧盟（欧盟是支持托宾税的），我们可以推动这件事情。这件事情不是说市场的交易会降低，我们用的是非常低的千分之一或者是千分之五的托宾税，最大的优势是你要交税我就看市场，我知道谁在买、谁再卖，我知道谁在对冲。在中国香港，港元跟美元、港元跟日元、港元跟英镑的交易基本是在 OTC（柜台交易市场）柜台外的交易，不是在央行里结算，这方面如果有一个托宾税，我就逼着你在我这儿结算，那我就可以看到谁操纵，一有操纵，要么叫停，要么加税，我有很多办法控制这个问题。

八、历史回顾

历史上，我们以前的货币是实物货币，金跟银。到了英国时代就变成了法定不兑现的通货——英镑。但是英国跟大家说我的英镑跟金一样，这也犯了美国现在的问题，有一个特里芬两难。1915—1945 年英镑开始退出，美国就避开了英镑。1945 年之后一半的黄金在美国，它是最大的贸易顺差国，但是它的自我约束不足，特里芬两难发展到后来，美国的外债越来越多，逼得它只有往贬值的方向走，最后它忘了监管影子银行。所以现在我们最大的问题是全球货币的问题，现在还没有落实，是因为利益集团太大。

问题回到国际货币怎么搞，不解决这个问题，我们自己的问题也就解决不了。大多数关于全球货币政策的学术分析都是建立在各国国内政策统一且有效的假设下的，但现实情况不是这样。国际货币的发行是一个实际的问题，关键在于当前的国家体系是否愿意给一个国际机构让出部分主权。国际货币发挥作用的条件是，有一个全球范围内的税收下的国际财政政策。2009 年 3 月 24 日，中国人民银行行长周小川建议 SDR（特别提款权，亦称“纸黄金”）作为超主权储备货币，这将不再轻易受到个别国家政策的影响。我们意识到没有哪个国家会愿意给一个国际机构让出主权，除非在受到危机的威胁下。可能新的格局将会在不同国家和地区的集体行动的力量下出现。以亚洲为例，亚洲的货币就像“蛇形浮动”一样。事实上，存在整合更多协调的可能性，特别是在中国、日本和东盟之间。亚洲金融危机之后，我们为了自保，购入了大量的外汇储备。外汇储备放在哪里？只有放在美元，以为美元是安全的，但突然间美元贬值了，突然发现美元也不安全了。所以说，这次金融危机最重要的启示是亚洲要自强，亚洲必须在全球格局中获得更强的议价能力。

对于这次金融危机，我的初步结论可以说是这样的，我们的问题是全球系统性的，但是我们也有自己系统的问题。亚洲新兴市场国家在全球经济中面临着结构性的再平衡，我们必须携手脱离集体行动的陷阱，这就需要从托宾税开始，以限制杠杆，为资本流动增加阻力。降低杠杆贸易将会给国内的货币政策和结构性政策以动力，从而为实体部门的调整赢得时间。而当前的重点是要对全球影子银行危机给予足够的重视和指导。

问：我有两个问题，第一个问题是影子银行和热钱的问题。热钱这个问题实际上也是一个全局性的问题。我们“十二五”规划里面提到有一点很重要，就是在“十二五”期间逐步实现资本项目的可兑换，我们以前从来没有资本项目可兑换的时间表，但是这一次“十二五”规划比较特别，这句话表述得很明确。目前，国际金融格局还有一点混乱的状况，而且现在我们的热钱问题也是很突出的，但是又面临资本项目逐步放松管制，逐步实现可兑换的国家战略安排，在这当中我们的金融开放跟金融安全方面应如何协调？第二个问题跟推进人民币国际化有关系。我们目前在推进人民币国际贸易结算试点当中，具体存在着哪些风险？风险怎么防范？国家安全怎么保障？

答：我自己是这么看的，金融是一个虚拟的东西，最后还是看你实体经济有没有问题。美国有一个非常有利的境况，它跟欧洲、亚洲不同在哪里？第一，从战争的角度，它有太平洋、大西洋保护，没有人打得过它。第二，北美跟南美人少地大，资源丰富，在这方面它也有很大的优势。美国的外债全部是美元，如果美元一贬值就把它的外债消掉了，而且它大量的直接投资在国外，美元贬值它得利，所以它的境外资产越贬值越好，没有问题。另外，如果金价上升，它自己有金，油价上升，它自己有油，食物出问题，它是全球最大的大米生产国，所以美国痛也不会痛到哪里去，谁低估美国我认为都是错的。欧洲也有问题，它不是一个国家，它是一个联邦。本来说是一个货币把它政治一体化，但现在说白了，欧洲实际上有它的内战问题。它的内战问题，从一个大历史角度来看，是这100年来德国的崛起，但是这一次欧元的危机出现了，谁是大赢家？你从欧洲整个来看，欧洲好像挺平稳，欧盟15国算起来全球的贸易逆差不到1%。但是你把德国排除，它的逆差可能高过3%。现在问题是欧盟内部不平衡的问题，整体来看是不错的，但实际上里面也有它的问题。

我最近在做亚洲2050年前景的看法，我发现每个国家实际上都有自己的问题，我对美国还是看好的。亚洲有自己的问题，中国、日本、印度、中东看法不一致，历史背景、文化背景的不同有很多。亚洲最大的问题就是老龄化，日本现在已经开始面对老龄化的问题。从历史角度来看，中国现在是最幸运的时候，因为看得到日本的错误在哪里，看得到美国的错误在哪里，但是我们能不能吸纳它们的教训现在还有很大的争论，因为中国自己的模式还存在很大的争议，没有达到一个北京共识。华盛顿共识淘汰了，东京共识也淘汰了，北京共识现在还不存在。

关键的问题是中国下一步怎么走。我认为中国逐步稳步地走出去是对的，但是长期跟短期的问题是不同的。怎么解释呢？你看问题不要看短期，你要看到40年、50年、100年。现在很明显，古典经济理论忘记了有一个周期问题，它认为货币政策跟财政政策完全可以调控短期的波动，但是避免不了周期的问题，这个时代还在转变。为什么说60年一个大周期，为什么说70年、80年有一个大萧条？现在70多年了，很简单一个道理，大家一般能活到70多岁了，以前一般只活到60岁，科学的进展使得周期推迟了，但是不一定完全可以避免周期的发生。所以问题在哪里，为什么有一个周期，有一个衰退？就是要有一个创造性的破坏。我为什么认为伯南克的政策是错误的呢？今天美国的复苏是有点虚的，美国现在最大的问题是还没有走出它的困惑，它的困惑就是贫富差距太大，危机来了有钱人被救了，穷人还是这么一个情况，政治的问题就越来越尖锐了。现在经济学家有一个共识，自由贸易完全是好的，没有人说坏话，全部赞同。可是对于金融完全自由化，有些经济学家是有所保留的。但是问题在这里，如果中国未来成为全球经济强国，还要进行资本项目和汇率管制吗？这就很难说了。因为全球会说你既然在贸易里面得利，那么你在金融方面就要跟我们大家分享。

我自己觉得，现在有一个大问题在于中国的资本项目没开放，钱越来越多，肯定有一个通胀和泡沫的情况，现在已经开始了。我们的物价那么高，一般老百姓的薪水没有办法跟美国比，用房地产的价格来比较，汇率肯定是偏高的。但是为什么偏高？因为你没有钱走出去。我为什么支持托宾税，因为托宾税实际上就是一个慢性控制热钱进入的问题。此外，我希望透过托宾税，从监管角度控制外汇套利的政策。外汇套利手段实际上是很不公平的，当然中国现在从外汇储备角度来说，用外汇处理短期的波动，我觉得逐步开放是对的。我自己认为现在是给中国的老百姓一个机会去分散他的风险。现在中国投资者的投资都是投向一个很单纯的产品，要么就是房地产，要么就是股票，要么就是存款，连债券也没有什么大的吸引力。所以，问题是怎么给老百姓一个比较合理的外汇投资产品，这个钱就开始走出去了。老百姓现在管自己的钱，大家还是比较谨慎的，中国已经走过A股大起大跌的情况，你给他选择，他会分化风险，也就是民富国强。美国投资者很理性，看过很多年大起大落，现在亚洲也学会了，让老百姓自由面对风险，最后他会分化投资风险的。所以，这方面逐步开放，放出去，然后钱就会出去，钱出去了，汇率就让它慢慢地波动。实际上，新兴市场现在最大的问题是太多热钱进来了。太多热钱进来，你不收门票，几时收门票？你求它的时候，你没有办法收它的门票，现在它想进来，你说可以，我给你赚，但是你要交门票。这个时候是中国跟国际谈判的最好时候，你失掉了这个良机，人家就不听你的了，等你缺钱的时候，是人家跟你谈条件而不是你跟人家谈条件。中国把这个托宾税制度跟大家联合建立起来，不但对中国有利，而且对全球有利。刚才我说过，全球的基本问题是财政赤字的大问题，但是现在自由金融市场鼓励投机，鼓励杠杆效应，没有纳税的情况，亏了由政府赔，赚了是自己的，这是不公平的。我们看准了这一点，就是我们可以抓住的良机。

问：现在中国在鼓励内需，促进消费，这样是不是会重蹈美国的路——过度消费？

答：问题问得很好。美国人少地广，因此他们可以消费，用的是全球资源。但是，如果中国人、印度人、非洲人和南美人都像美国人那样消费，全球还有资源吗？中国少数人可以模仿美国的生活方式，但是大多数人是不可能的，这个问题用自由经济去考虑是没有答案的。我个人的理念是，亚洲人要走亚洲自己的路，也就是不可以乱消费。消费这个问题在哪里呢？也就是纳税的问题。因为如果政府的税率价格合理，这个市场就会有一个约束，但是如果价格很多是补贴，那么消费就会走一个方向，就会占掉资源。比如说，现在我个人认为最大的危机是缺水。我们现在打井越打越深了，水现在是最便宜的产品，我们用水来洗车，拿水来做工业。水的价格需要调整，当然这个话很多人不喜欢听，我觉得未来可能水的价格要比油更高。现在我们生活中对很多资源都是浪费的。我再强调一点，我认为最重要的不是金融，金融有它的重要部分，但实体经济是最重要的，把实体经济搞好就行。战略方面，金融是为实体经济服务的，只要实体经济好，你的实体经济稳，金融自然会稳，金融不稳会整死实体经济，这是全球危机的基本教训。所以，我们把实体经济搞稳了，保护好产权就行了，做好这一点，天不怕地不怕。

问：我是做投资银行的，我一直没有搞清楚，现在这么大力度的限售和打压，是不是要在某种程度上把房地产泡沫捅破？而这在中国经济增长方式的转变还没有到位之前会不会把经济搞得更复杂，使未来经济不确定性增加？

答：我承认我自己也没有把这个问题看清楚，为什么呢？因为以前没有数据。但是这次危机来了以后，把数据看得很清楚。也就是说，古典经济理论看的是流量，没有看存量，最大的存量是房地产。房地产问题在哪里？房地产其实在古典经济学家里面是个盲点，为什么说它是一个盲点？中国改革理论，不要说中国的经济学家，国际经济学家中有谁提出过中国最大的经济改革是房地产改革？没有人提出来。实际上，中国这几年大经济起飞使房地产转移给了一部分人，形成了中国第一批有资产的老百姓。这个转移不是几百亿的，而是几千亿、几万亿的资产。最后是把资产转移到家庭部门，这是一个很大的改革。改了之后带来一个新的问题，新的问题是什么？我跟大家解释我不成熟的看法，我觉得是比较关键的。

第一，房地产的政策应该是我们经济理论的首要研究对象。因为它是每个家庭最大的资产，照我的经验，我投资一辈子，最成功的还是买了自己的房子。第二，房地产是企业最大的资产，因为它是可以拿去给银行抵押的。第三，房地产是银行最大的抵押品，房地产垮了，银行也就垮了。第四，房地产是当地政府最大的收入。房地产的服务就是建房子、修房子，也可以说是一个很重要的服务业。但是，房地产行业谁在研究？没有人研究，大家注意货币政策，注意财政政策，注意虚的东西，实的东西在你眼前没有受到尊重。没有人希望房地产价格下跌，但是房地产价格跟老龄化很有关，社会比较年轻的时候需求很大，供应量往往不足，分配也不一定很均衡。但是，社会老龄化了，房地产价格会跌的。现在美国的问题就是这个问题，它也步入老龄化社会，于是就开放给中国一些富人去美国买房子，这样房地产的价格就国际化了。但我们的问题是，在房地产价格国际化的同时，薪水并没有国际化，这个区别就太大了。房地产政策是最不容易处理的，它与货币政策、财政政策、监管政策密切联系，还有利益集团的干预。像中国香港，最大的势力是房地产商。也就是说，房地产大起大落的问题是一个非常严重的问题，最好是房地产价格稳定地增长。你看欧洲的经验就是这样。德国为什么没有出问题？因为它没有房地产泡沫，唯一在欧洲没有房地产泡沫的是德国。为什么没有？因为德国的人口比较稳定。此外，德国人投资房地产都是比较谨慎的。我自己觉得房地产政策很关键，最好要稳健，很多问题不是一个政策可以解决的，最大的问题还是供应问题。

问：我想请教一个问题，您刚才说金融危机在很大程度上是影子银行惹的祸，而在中国是一行三会分开监管的，从某种程度上可不可以认为中国金融监管制度是比较合理、比较有效的？现在奥巴马政府发布了新的监管政策，国际上也有了巴塞尔协议Ⅲ，都是要加强资本的监管和流动性的监管，那么这些监管政策是否可以有效防止金融危机的发生？

答：中国有没有自己的影子银行？肯定有的，监管的漏洞也肯定有。怎么监管是一个大问题。现在的架构是不是合理？我自己觉得现在中国的架构还是要面对未来越来越一体化的金融体系。难在哪里？有些产品是跨行的，问题是怎么妥协。现在已经看清楚了，没有一个绝对符合全世界理想的监管架构。现在这个危机为什么是一个系统性的危机呢？就是说，传统的央行已经不是传统的央行了。因为现在美联储把巴西债券放到自己的资本账里面，基本担保了影子银行，它变成一个财政部了，它把财政责任搬到自己身上。为什么呢？因为美国财政部认识到，国务院没有办法同意加税，只有通过货币政策去承担这个问题。所以，美国的架构扭曲了。现在我们回到老问题上，我们的“老师”也犯大错了，我们本来想学他，现在发现他的理论也有错误。那我们应该怎么改呢？还是靠自己，务实地一步步走。美国现在也看清楚了，也在摸石头过河，美国人来中国也问你是怎么做的。中国的国情跟美国的国情不同，它的监管架构肯定是不同的。

（2011 年 3 月 26 日）

第 38 期陆家嘴金融家沙龙

东京国际金融中心的设立过程和今后的课题

神宫健

神宫健，从日本早稻田大学和美国 UCLA（加利福尼亚大学洛杉矶分校）毕业后即加入野村集团，先后在野村综合研究所、野村证券工作。

借鉴东京成为国际金融中心的经验，我认为，中国应该把握经济较快增长的机遇，推进金融中心建设，把握好推进市场化改革的时点，推动利率市场化和资本账户开放，发展直接融资。

一、东京是怎样成为国际金融中心的

从 GDP 来看，1955—1973 年是日本的高速经济发展时期，平均 GDP 增长率为 9.2%。1974—1984 年是日本经济比较平稳的增长时期，1985—1990 年是日本的泡沫经济时期，20 世纪 90 年代初期之后，是日本失去的 10 年或者是 15 年。20 世纪 60 年代，日本的利率被压制在比较低的水平，经常账户不是很稳定，时不时会有赤字。从 20 世纪 70 年代开始，除了 1974 年和 1979 年的两次石油危机外，经常账户基本上都是盈余。从汇率来看，1971 年前，日元实行固定汇率制，1971 年开始实行浮动汇率制，1973 年实现完全浮动汇率制。

从资本账户来看，20 世纪 60 年代到 20 世纪 70 年代中期，日本逐步地放松了对资本账户的管制。中国现在也是同样，通过 QFⅡ（合格境外机构投资者）和 QDⅡ（合格境内机构投资者）逐渐放松对资本账户的管理。从利率管制来看，日本到 20 世纪 70 年代中期为止实施的是严格的利率管制，而中国的存贷款利率直到现在也还都是在一定的管制之下的。从融资渠道来看，到 20 世纪 80 年代中期为止，日本是以间接金融为主，这和现在中国的情况比较接近。从整体上来看，中国的情况与 20 世纪七八十年代的日本是比较相似的。

在日本战后的复苏期到高速增长期之间，日本的储蓄率非常低。在这样的情况下，资源的分配不是靠市场，而是依靠行政指导来进行。为了鼓励居民储蓄，对个人储蓄进行税收减免；为了刺激投资，实施低利率政策——银行信贷也主要靠窗口指导进行。国内金融市场和国际金融市场是完全隔离开的。这一时期，主要是利用利率监管以及信贷窗口指导进行管制，唯一一个比较自由的市场就是股票市场。除了股票市场之外，基本上整个信贷都被严格管控着。当时政府为了保证财政的稳定，对政府债的发行非常谨慎。同时，“社债”也不过是银行贷款的一种形式而已（在日本，中国所说的企业债和公司债都被称为“社债”）。

日本经济高速增长期的社债市场的一些制度对东京国际金融中心的发展有很大影响。当时，发行社债需要有一个托管银行，由银行对发债过程和风险担保进行评估，承接托管业务。一般是由发行企业的主办银行作为托管银行，而它们会收取相对较高的费用。所以，对发行债券的企业来说，发行成本很高。

发行规模是由托管银行与金融当局一起确定的，但实际上，日本的产业政策已经决定了发债方向，多半是让钢铁公司、电器公司等大企业发行债券。企业债的利率被压制得很低，所以基本上没有人买，买的都是它们的主办银行。所以在这个时期，日本的社债本质上就是银行融资的另一种形式而已。

二、日本的资本项目开放过程和利率市场化

1964 年，日本成为 OECD 成员国，开始开放经常项目。1964 年之后，对内对外的股票投资也开始开放。从 20 世纪 60 年代末期开始日本成了资本输出国，所以就以资本输出为目的，建立了东京国际资本市场。1970 年发行的武士债券是非居民在日本市场发行的以日元计值的债券，相当于中国的熊猫债。20 世纪 70 年代，日本企业也开始在国外发行债券。

1980 年，日本开始实施新的外汇管理法，基本取消了日元对外币兑换的限制。随着贸易盈余的不断扩大，和美国的贸易摩擦也日渐尖锐。1984 年，“日美日元美元委员会”施加的压力达到了顶点。美国要求日元升值、逼迫日本金融市场开放的逻辑是，由于日元没有国际性，因而难以升值，所以需要让海外日元市场发展起来。当时日本的一些学者对美国这个逻辑也持有疑问，但是因为有某些政治上的原因，所以日本还是有所妥协，放开了欧洲日元市场。

1984 年还有两个重要的变化：一是废除了外币兑换日元的限制，二是取消了外汇预约必须要有贸易支撑的要求。这加快了海外和国内金融市场的一体化。日本银行间市场受海外的自由利率的影响，开始了利率市场化。也就是说，在日本市场同时存在着两种制度。一方面是非常严格的利率管制；另一方面，随着金融国际化的不断发展，一部分的利率开始实施市场化。

日本的短期融资在海外市场的影响下，国内市场的利率市场化也不断推进。贷款利率利用市场的力量慢慢实现了自由化，而定期存款利率则从大额到小额，逐渐推进自由化。大额存款利率在 1989 年实现了市场化，小额存款利率基本上在 1994 年实现了市场化。就这样，在 1984 年的日美日元美元委员会之后，日本用十年的时间完成了利率市场化的进程。

三、日元国际化当中比较重要的问题

在日元国际化的过程中，有两个现象值得关注。

第一个现象是所谓的“迂回融资”。日本的银行总行通过东京离岸市场（1986 年设立）进行融资，然后将资金贷给该银行的香港分行。转移到香港分行的资金，一部分作为贷款流向日本国内的企业，另一部分返回该银行的总行。

为什么会出现这种资金流向呢？一是因为日本东京离岸市场实施的是内外分离制度，资金不能直接流入日本国内银行，而必须经由香港分行。二是因为当时在经济过热的情况下，日本政府依然实施对日本国内银行贷款总量的监管，而不经日本国内银行直接贷给客户的话，就可以规避监管。从香港分行贷给客户的，是所谓的不附加条件外币贷款，也可以使用市场利率。此外，顾客也希望以市场利率获得贷款，所以通过香港银行贷给客户的资金很多。

国内市场实施着比较严格的管制，为了规避这种贷款管制，于是出现了迂回融资。也就是说，在国内严管下，反而出现了资金通过海外市场再流回国的现象。当时某些研究人员也对这个现象进行了调查，发现实际上并不是日本市场真正实现了国际化，而是日本本国资金的迂回融资。

第二个现象是日本企业海外发债的增多。在 1993 年之前，日本企业在海外的债券发行量大于国内。这主要是因为当时在国外发行企业债不需要担保，而在国内发行却需要有担保、托管银行等。所以，在日本国内发行社债的成本很高。

20 世纪 70 年代，日本逐渐出现贸易盈余，东京金融市场也在朝着国际金融市场的方向发展，但在东京市场发债的成本依然很高。所以在欧洲日元市场完全开放后，更多的企业在发行债券时选择了欧洲市场。20 世纪

80年代，很多日本企业都在伦敦发行社债，而外国企业发行企业债也是发行欧洲日元债券。所以，虽然当时日本东京国际金融中心成立了，但是没有得到很好的发展。

四、东京国际金融中心的现状

2000年的时候，在全球银行对外资产负债表中，日本的资产排名第二，负债排名第七。到了2010年，日本的资产排名下降到第四位，银行规模稍有缩小。但是从整体上来看，这个规模还是很大的。从股市的市值来看，1996年时日本排名第二。从交易额和上市公司的数量来看，东京证券交易所都是排名第五。2009年，东京证券交易所的总市值排名第二，交易所的交易额在上海之后，排名第四，上市公司数排名第六。东京从整体上来看是有一些地位的。

五、今后东京国际金融中心发展的课题

今后东京国际金融中心发展的课题，首先是要刺激日本经济的发展。其次是健全市场机能，对监管不透明的问题，要进行行政上的改革。另外，像机场交通等城市功能，以及人才的培养，也都是很重要的课题。特别需要提到的是机构投资者的培育问题。机构投资者的不成熟会使整个产品的开发和定价都比较弱，这也是日本市场的薄弱之处。此外，还需应对世界范围内的交易所大重组。最后，要在亚洲，特别是要和中国推进商务活动。

六、对中国发展的启示

日本在经济发展最好的时期，没有成功地将东京国际金融市场发展起

来。中国在今后的10～20年，还会维持一个比较快的增长。中国应该利用这个绝佳的时期，把推进金融中心的工作做好。

此外，日本曾经通过严格的管制和行政来主导资源配置，后来没有很好地完成从行政管制到市场型资源配置的转换，并导致了后期的泡沫经济。在什么样的时间点来将行政主导的资源配置转换为市场主导型的资源配置，这个转换点是非常关键的。

中国现在正在不断地推动资本账户的开放。从日本的经验来看，由于当时日本金融市场的开放是基于美国的压力被动进行的，所以逐渐开放的同时，日本国内仍然残留着很多管制。于是，很多应该在国内市场进行的交易流到了海外，这影响了东京国际金融中心市场的形成和发展。所以，怎样使国内市场的监管或者说管制与金融市场的开放协调发展，这是非常重要的课题。

中国资本市场不断发展，也逐渐从间接金融转向直接金融。资本市场的发展必定会推进利率市场发展。资本项目自由化会不断推动利率市场化和汇率市场化的发展。利率市场化和汇率市场化，以及企业融资自由化的发展，都会对银行形成压力。中国现在的存贷利差大概是3%，随着利率市场化的发展，这个利差必然会缩小。同时，好客户、大客户也有可能从间接融资转为直接融资。这些对银行的发展都会产生直接的压力。

企业债市场的发展，信用评估是一个很重要的问题。无风险利率的国债得到发展之后，企业债的定价也会逐步稳定。此外，因为中国的税制随时都在变化，而且变化得很厉害，所以税务透明化和行政透明化也是中国要面临的很重要的问题。

问：中国是否已经错过了最好的进行各个方面政策调整来建设国际金

融中心的时机?

答: 我认为今后一段时间，中国企业的竞争力应该是有所增强的，特别是随着企业的品牌的战略发展，从而改变过去的单纯依靠加工业的发展，形成中国企业的品牌效应，进而在海外顺利发展。日本各个方面的发展基本上都是在法律的基础上进行的，而中国很多实体经济的发展是先于法律法规的，当然这个风险很大，但是从某种意义上来讲，它具有很强的柔韧性，也可以反过来推动法律法规的形成和整个创新的形成。

问: 在世界其他地方，金融中心和政治中心是重合的或者是距离非常近的。在中国，如果把证监会、银监会、保监会、人民银行迁到上海来，是不是可以提高效率?

答: 这不一定。比如说芝加哥，它并不是政治中心，但它作为一个金融中心就发展得很好。虽然说刚刚对国际金融中心提了很多条件，但是最重要的还是人才，所以培养更多的高级人才、专业人才，是国际金融中心建设的关键要素。

(2011 年 6 月 27 日)

有关商业预付卡的金融法律问题

吴志攀

吴志攀，现任北京大学常务副校长、党委常委，教授、博士生导师，中国法学会副会长（兼职）。历任北京大学法律系副主任、主任，法学院院长，校长助理，副校长，校党委常务副书记，校务委员会常务副主任，法律总顾问等职。兼任北京大学亚太研究院院长、北京大学金融法研究中心主任。

2011年5月23日，国务院办公厅转发人民银行、监察部等部门《关于规范商业预付卡管理意见的通知》（国办发〔2011〕25号），全文有三个内容。第一，从2011年5月23日以后，要求商业预付卡必须实行实名制，对于购买记名商业预付卡和一次性购买1万元（含）以上不记名商业预付卡的单位或个人，由发卡人进行实名登记。第二，预付卡有金额限制，一次性购卡金额达5000元以上或个人一次性购卡金额达5万元的，通过银行转账方式购买，不能用现金。第三，实施商业预付卡限额发行制度，不记名商业预付卡面值不超过1000元，记名商业预付卡面值不超过5000元。最后还有一句话，在2011年年底，全国要进行一次专项大检查，人民银行、监察部、财政部、商务部、税务总局、工商总局和预防腐败局联合进行一次检查。

2012年1月和2月，我组织一些学生，包括我本人，在北京进行实地考察，我们拜访和考察的单位有超市、餐馆、百货商店等，除了一家非常有名的外资超市严格执行这个规定以外，其他被我们访问的餐馆和超市都没有执行。我们跟他们交谈，包括部门经理，也包括店员。店员说不知道这个新规定。为何会出现这种“有法不依，执法不严，违法不究”的情况呢？我们有三个假设：第一，法规脱离实际，无法操作；第二，法规不合理，不守法能够被理解；第三，执法成本过高，难以执行。这三个假设究竟哪个是真正的原因呢？

一、关于部门货币

为什么法定货币与部门货币在我们国家同时存在，而一些发达国家不会出现这种情况呢？它出现了以后，相关的问题是什么？它的前景会怎么样？首先看法定货币，根据《中华人民共和国中国人民银行法》第三章“人民币”下面的规定，我们国家法定货币是人民币，另外还有银行卡作为电子货币，但是这些货币都得是中国人民银行发行的，只能在境内流通，这都是法定货币的要素。但实际上，在边贸、区域贸易以及我国港澳台旅游中也可以用银联卡流通，现在我们的法定货币已经超出了境内的概念，有 14 个国家和区域贸易用人民币结算。

什么是部门货币呢？我们生活中还有一个被称为货币的是“部门货币”，它不是由中央银行发行，而是由各个部门发行或者一些行业发行，或者企事业单位发行，它是对公众发行的，不是对单位内部人发的，而且具有支付和结算的能力，也具有储值的功能，规模极其巨大。我们对信用卡一年刷多少有大概的统计，网上第三方支付是有统计的。而部门货币的规模巨大且无法统计，央行也无法监管。部门货币究竟是利大于弊，还是弊大于利？目前问题的答案还很模糊。有一次我和外国朋友到餐馆去吃饭，我拿卡刷，他们说你的卡借我看一下，我说这不是银联卡，这是这个单位发的卡。他们都觉得很不可思议，我说拿这个卡可以打折，很方便，但是美国人完全不能接受。有一次餐馆返券，印得跟钞票一样，他一定要拿一张回去做纪念，觉得太奇怪了，居然还有这种东西。

公交一卡通，可以往里无限量充值，可以在地铁和公交部门使用。公交卡与月票不同，月票是记名的，月票用一个月就失效了，不能转让；但一卡通是不记名的，可以转让使用，并且这个卡储值功能很强。消费者预付一笔钱，储存在发卡部门手中，这笔钱用来购买特定的服务或产品。对发卡部门来说，这相当于吸收存款，而吸收公众存款，根据《中华人民共和国商业银行法》是商业银行的职能。北京的一卡通现在跟粥店连在一起，粥店的卡可以买粥，还可以坐地铁。广州的交通卡更厉害了：广州地铁下面有各种小百货店，24 小时开着，卡可以在这里面买东西，而且可以洗衣服，可以存汽车。地铁卡不是银行发的，而是公交部门发售的，公交部门具有了类似银行的发行货币功能，只不过这是以法定货币为基础的部门货币，问题还不大。但是再往下就麻烦了。

假定公交部门收到 100 元，它发出 100 元的卡，这没有任何问题，但是如果没有收到 100 元，而发出 100 元的卡，相关持卡人到相关商店消费，就相当于获得了 100 元的奖金。如果出现这种情况，就有问题了。与法定货币无关，超出了法定纸币或者印刷货币的规模，那就真正出现了独立的货币。有没有这种可能呢？这种可能我已经发现了。有一些服务型的店就可以这样做，它提供的是服务，做了卡送给客户。卡如果可以转让，那么相当于多了一部分货币。我们回过头来看，这种情况确确实实就像我们过去在历史上所研究过的现象。在有纸币之前用的是黄金和白银，当时收黄金做金条，后来发现金银太沉，然后就开始用纸，当你回来的时候把原来重量的金条赎回去。

二、关于预付卡的发卡基础

发卡的基础有两种：一种是以法定的货币作为基数，另一种是像美容店和洗脚店，用劳动服务做基础来发卡。劳动跟物质是不一样的，粥店有物质的东西。劳动一旦进入消费领域，相当于美容店这样的小店发行了部门货币。这种是非常多的。洗脚店可以做，健身房可以做，美发厅也可以做，宠物店更是如此。因此，我们可以看到，所有提供人工服务的部门在理论和实务上都具有发行部门货币的可行性，即以法定货币以及人工劳动为基础。当后者有偿转入到不相关的公众手中，美容店就套取了银行的信用，相当于发行了少量的部门货币。这种情况在纸币的情况下很难做，在电子货币下很容易做，因为这上面多少钱看不见，存一万元钱跟存一元钱是一样的，所以操作轻而易举，无法统计和监管。《中华人民共和国商业银行法》没有授予银行以外的单位这种权利，但是这种需求和现象大量存在，而且规模是无法统计的。

再看购物卡。从 20 世纪 90 年代开始出现购物卡，后来发展到全国通用的各种“商通卡”，直到 2011 年人民银行发布 25 号文的时候开始说个人只能买 1000 元以下的，5 万元以上的必须用支票，但到现在仍然没有制止住，还有人在继续做。在发布 25 号文之前已经发展到在全国有很多商店都可以购买类似的卡。销售者卖卡时会给你一个小本，这个小本上有可以接受卡的单位，并附上了地址。这种购物卡完全是信用卡的功能，有消费者，有商店。这跟洗头店、洗脚店不一样，这是三者之间发生关系，而洗头店是两者之间发生关系。大型的储值卡非常多，比如万商拼卡、正谷卡、购房卡，大概有几百种。

对于购物卡，理论上不应该出现超出法定货币限制的那些货币，因为有物质的限制，但是实际上也会出现差额。这就在于时间上有差额：发卡和消费之间的结算是有时间差的。这个时间差之间的钱没有完全转出去或者不需要付钱，最长可能长达 3 个月，每张卡上都会有余额，这种余额可能客人永远都不会用了。从全国范围来看，这些卡余额的总额是个不小的数字。这些余额也会被作为抵押而用于别的事情。所以以时间差与余额为基础，可以实现超出法定货币数额发卡的可行性。这样预付的模式在中国如此之普遍，它跟日本、美国、欧洲出现了不同的消费模式。这种消费模式最大的特点就是它增加了货币供应。我们这种预付方式改变了消费模式，其他国家的人都觉得不可思议。除了提前回笼货币之外，如果超市的商品是赊销的，那么通过预付卡提前回笼的资金，就可以暂时脱离物流环节，进入其他领域，做短期周转。市场可使用的货币增多了，因此部门货币会刺激通胀。

三、关于产生预付卡的原因

出现这么多预付卡，说明社会有需求。垄断行业一定会发卡，而且是让人毫无选择地接受，像电卡必须先买后用。特别是像岁数大的居民老怕没有电，通常会买很多电。现在卡也进入汽车行业，我问司机买这个卡有没有优惠，他说实际没有多少优惠，就是方便，快一点，省了排队时间。停车卡更是如此，土地都是公有的，店门前的地也是公有的，但是停车要发卡收费。中国土地不是私有的，他怎么能收钱？大家说这是辛苦钱。我现在对这个没有研究明白，公有土地他发卡收费，丢了车他却没有任何责任。还有加油卡，这个卡跟车号绑定在一起。你卡丢了，别人也加不了油。还有洗车卡，中国的水是公共产品，但是洗车要收很多的钱。还有购房卡，更是规避法律的东西。什么房子能卖期房？盖到什么程度，拿到什么证件才能预售？现在因为限购令什么的他们学精了，为提前回笼资金，一些开发商发购房卡，以 5 万元或 10 万元为单位，然后房子打折销售。还有校园卡更是如此，这个情况是非常复杂的，它是社区生活的全能卡，现在各个大学的校园卡已经无所不能，拿这个卡在学校可以吃饭、看电影、购物、洗衣服、打开水、理发、看病，还可以注册学籍、选课、借书、查成绩，家长给学生汇的钱也能转到卡里，因为具有储值功能，银行信用卡在校园难以竞争。

还有上网卡，这就更贵了，几千块钱一会儿就没有了，特别是在出国的时候。手机充话费，也是先交钱。它的金融价值难以估量，因为它的用户很大，将近有6亿，而且电话费也不便宜，尤其全球漫游更贵。因此，天然的垄断确实已经变得非常大，它们都不是银行，它们都有做这种事情的可能，而且使用者都是在使用之前就把钱付了，使用的时候才去消费这个钱，这个钱有相当一部分是没有被消费的。我举这些例子可以说明问题了：部门货币在目前我们的生活中无所不在、无处不有。

我们看一下，储值卡正在一些行业、一些部门代替法定货币。现金不用了，信用卡也不用了，就用这种卡。它一定是有利的，方便了生活。但是如果这种卡可以替代银行卡和现金的话，那么银行花了这么大力气去铺设信用卡结算网络，买了这么多设备做银行之间的清算，还要花这么长时间运钞，就得不偿失了。将来这个趋势究竟是怎么样？是继续走像美国这样的信用卡结算，还是多管齐下？这确确实实是一个问题。

预付卡的规模很难计算，我国银行信用卡刷卡规模在8万亿元左右，不一定准确，网上支付2011年年底要达到1.6万亿元，2012年肯定突破2万亿元。不特别限制或者继续发展预付卡的话，那么信用卡的刷卡规模会减少很多，这些卡的刷卡网络作用就发挥不了更多。部门货币结算依靠各个单位的小系统，地铁有地铁系统，电力部门有电力部门系统，供水部门有供水部门系统，中石油、中石化有自己的系统，那么它们的系统有多大呢？据我拜访过的在北京的大型超市的经理说，店里消费的一半是刷卡的，大额消费的80%左右是刷本店的购物卡。

部门货币有没有风险呢？储值卡或者发卡部门不是银行，包括网上第三方支付，其中只有极少数获得人民银行许可，其他均在自由经营。通过这些储值卡，巨额的资金被发卡部门圈了起来。这些钱有市场风险吗？肯定有。在发达国家我们发现没有这样的事，他们主要还是用银行卡，只有封闭管理的私人会所才向内部会员发储值卡，否则他们不能发。一般的商业部门不对公众发不记名的、无息存款类的储值卡。因为它是有风险的，它跟银行不一样，一旦破产，银行不容易倒闭，商业银行有政府信用支持，而且有中央银行最后窗口的贷款支持；但是这些部门不一样，一旦破产，消费者一定会受到损失，因此风险是存在的。为什么存在这么大的风险，大家还是义无反顾、勇往直前呢？我们用信用卡，也用储值卡，两者都用。美国是广泛使用信用卡消费，可能它是世界上第一个利用信用卡消费的国家。美国更多是在报纸上或者杂志上或者网站上发打折券，一些退休老太太把这些积攒起来抵一些钱。美国从安全角度考虑，有些超市是高档的，拿这个卡才能进门，外面人没这个卡进不了，是有安全性的，价格也比较高，是为区别消费层次来弄的。而我们这些超市连马路卖菜的也发。美国税务局不允许这样做，并不是我们比他们聪明。美国也有天然垄断部门，但是他们不发卡，他们依然使用信用卡，美国加油还是使用信用卡，在美国天然垄断并没有导致出现部门货币。

此外，熟悉程度也影响发卡成功与否。小区里的美容店、小百货店等跟老百姓非常熟，他们可能发一些卡，这样省事，钱也不多；特别是理发店，熟悉程度很高，居民信得过，也可能发卡。这个在美国也不会发生，因为有协会和法律的约束。这两个部门在美国比较完善，在我国没有那么完善。举一个例子，中国香港地区最先发“八达通”，可以坐公交车，也可以买东西。但是，每次充值最多充 999 元，但每天不限制充值次数。“八达通”在香港市场上主要是小额支付，大额支付依然要使用银行的信用卡。我们这里没有分开，上海交通卡最多可以充到 1000 元，北京可以充到 1000 元以上。

香港有银行公会，如果地铁公司和巴士公司发卡不加限制，可能会影响银行信用卡的使用。因此，银行公会与后者谈判，达成一致，把这些协议交给立法会，立法会再过问。银行卡是无限充值的，“八达通”是有限充值的，两者之间的消费额度分开，不至于出现恶性竞争，这就是银行协会的力量。

在 2011 年 9 月以前，我们的商业储值卡充值额可以说是无限的，可以大额充没有上限，也可以大额消费没有上限，包括支付宝也没有给限额。后来支付宝跟其他银行谈，又突破了，我们是互相打，我们不限每天储值的次数，因此我国的银行卡和商业储值卡出现比较激烈的竞争。但是，为什么我们的银行协会不去做这些事情？人民银行也看见这件事，人民银行为什么不去管呢？

客户可以无息使用信用卡，或者从借记卡中获得利息，而储值卡是客户把钱提前给商家，商家无息使用客户的存款，两者是完全相反的。在美国、英国、日本、中国香港等地市场，银行业的行业协会历史悠久，实力强大，对本行业市场的保护十分重视，对准入标准看得十分严格，但是我国大陆的行业协会历史很短，缺乏经验，不够独立，没有发挥它应该发挥的作用。

我国储值卡快速发展，可能还有契约文化的因素。一般银行信用卡有三个主体，商业机构、消费者和银行，三家都有合同才能使用，但是这个很费劲。举一个例子，消费者到银行开信用卡非常麻烦，在北京办信用卡要一个月，而我 1990 年在美国办卡花了七天。而办储值卡则一分钟就可以了。我不知道银行发信用卡为什么这么慢。另外，我们看商业机构储值卡的契约环境，商业银行发卡的时候，钱款先进商业机构，然后转银行账户，但是商业机构发卡跟银行没有关系，因此使用起来更灵活。另外，还有一个资金紧缺问题，这在国外不是太明显，我们谁先获得现金，谁先拿到款就有谈判优势，谁就有主动权，所以大家都不愿意放弃现金权利，都不愿意把这个权利让给发卡银行。像北京移动跟地铁合作，拿手机就可以刷，这在技术上是毫无问题的，用手机能坐地铁，那钱就归手机运营商了。

四、关于融资的成本和非法集资

再比较一下贷款利率。美国的贷款利率是5%左右，澳大利亚是4.5%，日本更低，约1%。我问日本学生为什么日本的贷款利率这么低，说是为了鼓励贷款，鼓励投资，现在没有地方投。欧洲的贷款利率也是不能超过7%，我国的贷款利率是6.5%以上，但是这个贷款拿得到吗？拿不到。所以民间借贷兴起来了，有抵押的25%，没有抵押的达到100%，甚至更高。这跟贷款主体身份有关。根据最高人民法院的解释，对于民间借贷，法律只保护不超过银行同期贷款利率4倍的，高于4倍者，法律不保护。

我讲一下非法集资的背景。非法集资在1995年6月30日以前不是犯罪，1995年6月30日以后才是犯罪。这是因为一个案例。北京中关村曾经有个长城机电公司，公司老总从吉林来的，爱搞发明。他还是某一年中国十大企业家之一。他买了一个专利，就是电瓶的水泵马达，买了之后想投产，但他没有钱去生产，因此他想先卖这个专利。他犯案时是1993年。他卖专利转让合同，这个转让合同按1000元钱一份卖，最少一次买1000份，年利率为24%。当时存款利率为12%，而24%的返还比例比银行存款利率高一倍。这样他收了20万人的钱，约10亿元。有关机关发现他并没有将收到的钱全部用于投产。他总共投产了600个马达，但是还在继续做，他的公司有3000人，大部分人收钱做广告。最后发现的时候，把他的账户查封了。这个人脾气特别怪，起诉当时的央行行长。司法机构最后以贪污行贿为名把他抓了，并判了他死刑。他在1995年4月被执行死刑了。这是当时涉及非法集资罪的第一个案例。1995年6月30日，《关于惩治破坏金融秩序犯罪的决定》由全国人大常委会通过，那是八届人大十四次常委会。那个时候对非法集资认定需满足三个条件：第一，以个人占有为目的；第二，以欺骗为手段；第三，侵害国家人民财产造成损失。非法集资人可以被判处有期徒刑、无期徒刑或死刑。等到了1997年修改《刑法》的时候，就把人大常委会通过的决定写入了《刑法》的192条和199条，非法集资数额巨大就可以判刑。

五、关于产生预付卡的其他原因

外国居民用惯了信用卡，一般都是寅吃卯粮，一般居民不需要在银行存款，就可以开户获得信用卡。我们不喜欢借钱花，我们有“余”文化，我们喜欢有“余”，这是我们的文化。外国人不是，他们不喜欢“余”。我们不愿意像他们有赤字。我们在银行存款方面比他们强。为什么我们不能建立起个人信用而走向信用卡跟单位储值卡同时并举的道路呢？那是因为我们没有建立个人信誉，我们的信誉都是建立在企事业单位上，其中一个表现就是我们不给个人开支票账户，必须要有一个营业执照才能开支票账户。我亲自做过一个试验，我到银行开支票账户，他说你拿营业执照来，我说没有，我就是个人开，没有什么原因，就是不能开。美国100多年前就有个人信用记录系统，因此可以给个人开支票。成年人在美国上学或工作，都有社会安全号码，凭这个号码到银行就可以开支票，只要你记得还钱就行。一般都是刷信用卡，用支票还钱。这个情况我们国家到现在还没有采纳，就是因为我们个人没有信用。我们为什么信单位，不信个人呢？因为“跑得了和尚跑不了庙”，个人可以不付钱，单位跑不了。我有一个亲身经历是在北京买房，但是钱不够，银行说我可以把钱借给你。另外一个在中关村卖电脑的小老板，年薪30万元，银行都不敢给他贷。银行说，你是北大老师，你北大跑不了呀，小老板就不一样了。中国在20世纪90年代初的时候，你说你有没有钱行长不信，行长就看你是哪个单位的，国家机关的他根本不怕你没有钱，个体小老板有多少钱他都不信，就逼得个体小老板得开好车、穿好衣服，看起来有信誉。我们没有个人支票这一点也是很大的问题，现在这个阶段已经被信用卡给越过去了，所以就不需要了。先是支票的时代，然后发展到卡的时代才可以，信用机构在支票阶段收集的个人信用记录，到卡的时候就自动能用了。我们现在孤立的信用卡系统完全靠银行慢慢调查。而美国有专门的信用记录公司，三个信用公司都是独立的。它们是卖信用记录的，卖给银行，卖给交易所，卖给大的商店甚至政府。它们收集这些信用来做这个生意。我们没有，完全是银行自己做。银行是一个全能的单位，什么都要做。美国有很多卡，比如花旗银行的卡，实际上是单独的公司在做。这个公司不做别的，就做卡，它只不过给人贴牌做。美国有一家银行叫美信银行（MBNA），这是一家商业银行，但这家银行根本不做商业银行零售业务，完全做卡的业务，它做所有美国银行的卡。美国还有一家银行，不做任何商业银行业务，只做债券业务。我们的银行则全都要自己做。当信息化来临的时候，储值卡立刻代替了现金和个人支票，变成非常便利的个人消费手段，因此在城市里某些单位给职工发卡作为福利（代替现金的便利）。还有诸如打折的优惠造成储值卡的流行。储值卡也为公款消费提供了便利，因为储值卡相当于现金，并且不记名，方便转让，适合赠予或送礼，这些特点是银行信用卡所不具备的，因为银行信用卡是要记名的。另外，还有免税方面的好处，储值卡对发票制度、增值税发票等都有一定程度的规避作用。为什么我们国家第三方支付的问题也跟美国不一样？美国第三方支付还是以信用卡为主，我们是类似支付卡的卡。

我们知道网络的支付方式有两种：一种是用银行卡，另一种是用网站自己开发的卡，叫网卡。网卡里面可以存一部分钱后支付。为什么在美国网卡不是特别流行，而且金额不是太大，而我们这里很流行，金额很大呢？其中一个原因是：你用银行卡支付网上消费，如果有过错，银行部门不承担责任；但是用京东商城的网卡或者支付宝做，10 天之内它们会给你承担风险。这是不一样之处。我做过一次辛亥革命邮票展。为此，我在淘宝网上购买了相关的邮票，买了之后卖家把邮票快递过来，10 天之内你付钱，10 天之内不要可以退回去，中间的风险都由支付宝来承担。如果拿银行卡做这件事做不了，银行不承担这个风险。所以，这个情况使得网上第三方支付活跃起来，活跃到什么程度呢？我们看支付宝一家，它大概有 4.5 亿客户。2011 年 11 月 11 日，淘宝网销售额是 51 亿元，那天需要 40 万个快递员去送，平常每天是 26 亿元左右。我们现在没有一家线下商店一天的销售额能达到这么多，完全不可思议。类似这样的网上商城，中国有 10 家之多，各个地区都有，像当当、苏宁、京东商城、卓越都非常大。以前是卖书的，现在什么都卖，书反而成了广告了。我们的司法部门、金融部门等配置大量的资源在银行、在证券，相比之下，我们没有将足够的立法资源、司法资源和金融监管资源配置在网上消费卡上面，但是它们现在已经有万亿级的消费。什么样的银行才能发卡呢？要成立一家有 10 亿元注册资本的银行，董事资格要审查等，当行长还要银监会批，需要花很大的资源。但是网卡不需要花费什么资源，风险完全不匹配，因此有可能对消费者的利益产生损害。比如，健身房关门了，餐馆关门了，洗头店关门了，这些损失可能还都是小的。可能有一天，我们发现类似于支付宝的企业在中国加起来有 2000 多家，增长速度很快，所以早晚有一天这种卡的使用量会增长到跟银行卡一样大，而对它的（立法和监管）资源依然不匹配的话，那个时候就会出问题。比如，如果网络支付出现黑客攻击或感染病毒、软件运行出现故障、硬件出现故障、自然灾害引发故障等，风险由谁承担？另外衍生出来的问题，在网络上有专门高价回收购物卡的网站，收购购物卡，这是不正常的，但是现在没有人管。还有新华书店里帮消费者刷卡的人，有人用购书卡帮没有卡的消费者刷卡，可以享受 8.5 折的优惠，消费者当场支付现金。部门货币多了，问题也多起来了，法律没有禁止，也没有专门部门监管。市场有需求，消费者感觉使用便利，再加上打折的诱惑、公款消费的便利等，所以就多起来了。在金融监管领域下，央行也难以调节部门货币，央行可能在对这个问题进行研究，现在对网上支付开始研究了，已经发许可证了，40 多家拿到了，但是不申请的公司怎么办？它不找你，你也找不到它。当中央银行收紧银根的时候，各部门难以从银行获得贷款，但发行部门货币的单位可以发行部门货币的方式吸取无息存款，从而获得大量现金。部门货币和消费者利益保护，如何平衡？促进便利流通和信用无监管之间如何平衡？刺激消费和信用无保障之间如何取得平衡？吸引消费者和消费者保护滞后，如何平衡？谁弱势，谁强势？现在的研究远远跟不上，研究一定要走在前面。

我们法律或者行业协会不完善，造成监管空白的风险越来越大，由此引发的消费者保护类案件也将增多，法院压力将加大，判决执行难，社会抱怨将增多。部门货币的发展趋势现在还体现在技术上。由于技术的进步，它们正在联合，它们跟银行卡结合，发卡部门与金融机构结合。如果它们继续往下走，我们的法律（规范）就远远跟不上。《刑法》对这个情况完全不适用。所以换一个角度看，也许我们的思路要完全变化，商业部门发卡是不是一个市场竞争的自由所在呢？它本来就是不应该管的，还是说应如同现在媒体对非法集资是否应该判处死刑展开讨论一样呢？如果是这样的话，这个问题可能不仅仅要在法律和监管本身讨论，还要涉及金融体制和改革等深层次的原因。

20 世纪 80 年代有一个很小的案例。北京中关村有一个机构，它研制了一种 POS 机（销售终端），北京大概有 2000 家小餐馆买了这个 POS 机，餐馆小老板没有钱付或者不愿意一次性付清这 POS 机的钱。这个公司说发一种卡，消费者买了这种卡，然后到你的餐馆吃，吃够这个卡的钱你就可以不付我 POS 机的钱了。很多消费者愿意买，买这个卡可以在 2000 家餐馆用。工商局说，这怎么可以，你东西卖给人家不收钱？这种东西是没有规定的，当时没有规定是不能干的，就叫停了。这个公司的名字是科利华，这个公司非常聪明。它还干过一件事，推销一本书——《学习型革命》，号称能推销1000万册，后来发现这书没有那么好。那个时候人的觉悟也高，工商机关也负责任，法律没有规定都不能干。现在没规定你可以干，等有了规定再说。科利华公司如果今天做这种事，完全就可以做了。

六、总结

最后我总结几点。第一，我们国家出现了较大规模的部门货币，这是没有统计的。第二，市场上有这种客观的需求，天然垄断地位、熟悉程度等都会导致出现部门货币，因此不能简单禁止。第三，在法律发达的国家，部门货币很少见。原因不是垄断少，而是因为行业协会发挥作用。第四，部门货币的发展可能有利于市场繁荣，有利于成长中的中小企业做大做强，但它牵涉复杂的金融问题，存在着很大的商业市场和法律风险。第五，法律研究必须跟上，应该参照国外的经验做法，完善调整部门货币的管理。如果完全不管，等出现几万人或者几十万人的群体性事件，那就很麻烦了。

问：对第三方商业预付卡而言，有没有真正的商业目的？如果我们给到金融机构监管，就像商业银行一样要保证8%的核心资本，如果有这样的类似监管金融机构的标准，对于第三方商业预付卡来说本身没有任何额外的商业利益取得，这种模式还可以继续下去吗？

答：第三方发卡一定是有利益的，它吸收几亿、几十亿的资金贷出去。去年发牌照了，领了牌照的就可以。

问：能不能谈一下虚拟货币，像QQ（腾讯）发Q币，按道理只能在

QQ上用，但是很多网站都用。另外，在一些游戏中出现问题，有一些虚拟货币被黑客攻破了，造成游戏的通货膨胀，你怎么看?

答：我知道法院有一个官司，夫妻两个人离婚，所有财产分了，但是Q币的分配仍存在争议。因为Q币跟现有货币可以兑换。再不管的话，就像苏宁电器这类企业几乎等于银行，像苹果的销售模式及在网上购买的方式几乎可以甩开银行。

（2012年2月22日）

第 48 期陆家嘴金融家沙龙

国家金融战略与金融改革

夏 斌

夏斌，现任国务院发展研究中心金融研究所名誉所长、研究员，中国民生研究院学术委员会副主任，南开大学国家经济战略研究院院长。历任中国人民银行金融研究所应用理论研究室副主任、中国人民银行金融研究所国内金融研究室主任、中国证监会交易部主任兼信息部主任、深圳证券交易所总经理、中国人民银行政策研究室副主任、中国人民银行非银行金融机构监管司司长、国务院发展研究中心金融研究所所长。主要研究方向为宏观经济政策、货币政策、金融监管和中国资本市场发展。有关学术论文曾获孙冶方经济学奖，并多次获中国金融学会全国优秀论文奖。中国经济 50 人论坛成员。

中国和经济世界越来越密切，因此，未来 30 年中国金融必须要有战略思考。中国金融今后到底要什么？我们未来的金融到底要什么？能不能归纳起来，用个战略思想来指导？接下来我们来分析一下这几个问题。

一、中国的金融战略是充分的自由化和有限的全球化

现在涉外的大量金融问题已经不是可以简单地只需中央银行部门所讨论的，而是已提升到了国家层次。回顾一下，新中国成立到现在，主要经

历了两个阶段：第一阶段，前30年没有现代意义上的金融。当时中国人民银行一家从上到下，从北京总行到各县的县支行，到边境、高原，任何一个地方的储蓄所，全是人民银行一家，又存款，又贷款，又结算，没有其他机构的，整个大一统。从这个意义来说，没有金融。第二阶段，金融30年，即改革开放。在这一过程中，中国成为世界第二大经济体，连续30年有年均9.8%的GDP增长。

中国和经济世界越来越密切，因此，未来30年中国金融必须要有战略思考。金融战略包括战略怎样制定、战略包括哪些内容、核心内容是什么等问题。可以预见，近十年中国金融的主要发展目标是为实体经济服务，金融衍生品也是为实体经济服务的。今后要发展什么金融？首先要为服务对象考虑。未来的实体经济是什么？它遇到了什么机遇和挑战？这是对金融提出的要求。未来的中国经济最难处理的四大挑战应该是人口老龄化的挑战、环境资源的挑战、结构问题的挑战和以美元为主的国际货币体系问题的挑战。与此同时，也应看到中国经济同样存在四大机遇：一是高储蓄率，二是城镇化、工业化，三是全球化，四是体制改革。金融是为经济服务的，那么，金融应如何解决这些问题，解决这些挑战，利用这些机遇呢？

“金融滞后，金融弱国。”所谓金融滞后，就是说金融改革不进行；金融弱国是指中国作为第二大经济体不仅货币不能自由兑换，而且也没有进入主流汇率体系。与此同时，资本市场也没有真正开放；中国作为大宗原材料商品的资源需求国却没有定价权、话语权，等等。其原因不仅涉及金融改革，而且涉及政治体制改革。中国现实的金融供给是金融滞后、金融落后，面对这一局面，未来金融怎么办？我认为，在近十年的过渡期内，中国的金融战略是充分的自由化和有限的全球化。所谓充分的自由化或者市场化，就是指国内的金融要加快改革，越快越好；在过渡期内，在资本项下还未完全放开之前，大胆尝试。所谓有限的全球化，就是指在汇率、资本项下开放、人民币国际化这三个核心内容上面，不能完全一步到位，要逐步地开放。三项改革齐头并进，互相配合，交错推进，来推动中国金融开放。

二、有限的全球化

金融危机爆发的根本原因不是监管问题，而是美国政府宏观决策失误。美国从2000年纳斯达克泡沫后推行了一个错误的货币政策——扩张信用。当信用扩张产生空心化之后，推动房地产泡沫。当然，美国主流经济学家是不会承认错误的，认为金融危机的爆发还在监管上。但平心而论，如果中国政府政策失误，日本政府政策失误，英国政府政策失误，能造成这样一个大危机吗？道理很简单，深刻的制度原因。当今全球的储备货币以美元为主导，60%的世界储备货币是美元，全世界不停地发展，基于亚洲金融危机之后都想保留美元，特别是新兴国家，都想要美元，这就为美国借钱提供了可能性。此外，资产方拿这么多美元投到美国金融市场上，买美国债券，弥补美国的赤字，全球经济暂时的平衡到次贷危机则矛盾爆发了。所以，深刻的制度原因是当今的货币制度有问题，或者说主观原因是美国政府政策失误。在这个情况之下，中国进行的汇率改革、资本项下开放、人民币的国际化等金融改革都是不能一步到位的。

三、中国的国内改革

中国金融的问题归为八个大类，真正要做金融改革的事情主要包括以下几个方面。

第一，充分的自由化。主要包括三方面内容：一是市场的自由准入，尤其是机构的自由准入。二是利率市场化。利率下调是短期，浮动是长期意义。利率市场化不可能在一个地方搞试点，因为中国已经是统一市场了。利率市场化还意味着竞争加剧。存款利率提高、贷款利率下降，则银行竞争加剧，经营压力更大。三是市场自由退出。

第二，完善市场。应加快完善柜台交易、交易所市场、债券市场建设。

第三，中小市场。目前我们更多的关注放在中小企业、小微企业。事实上，中国的基层主要是农村，真正的中小经营体系是农村信用合作社。

第四，政策性银行。中国在历史进程中不缺一家大商业银行，缺的恰恰是有实力的政策性银行。

第五，四大资产管理公司。现在资产管理公司都变成金融控股公司了。金融企业要搞好，关键是处理好党企的关系。

第六，货币政策。随着利率的市场化，货币怎么调控，用什么手段来调控？挑战是增长方式没变，但人民币超发了，那么，存款应加息还是减息？人民银行将面临改变原有调控手段的挑战。

第七，监管协调。监管协调是平台重要，还是制度重要？我认为是制度重要。目前，监管部门还未建立真正的协调制度，没有形成科学的决策体系。

第八，去美元化。长期以来，我们仅搞市场经济，却忽视了 IMF 的问题、非洲货币的合作问题、拉美货币的合作问题。今天，在人民币崛起的过程中，应把这些问题作为我们相关的问题去重视。这一切应围绕着去美元化、人民币国际化。

总而言之，从国家金融发展的角度出发来决定战略选择；之后，在战略选择之下决定应该干点什么事。这就是国家金融战略和金融改革的逻辑。

问：有关银行改革的问题，特别是准入的问题，市场和监管的界限在

哪里？

答：市场和政府的关系，这么讲很抽象的，没有意义。从现实问题上讲，我们要发挥市场作用，在这个过程之中，政府要有所补充。

问：金融改革是一种趋势，民间资本和民营企业在下一步改革当中，存在什么样的机会？如何去参与？

答：现在的股份制银行，按银监会公布的数据，50%以上是民间治理。我建议村镇银行、小贷公司变成非银行金融机构，像信托、金融租赁一样。

问：像温州这种金融改革区域，最后会以什么样的形式来体现？

答：第一，境外投资实验；第二，地方金融监管。

问：现在金融危机了，美国想别人买它的资产，您认为这个趋势会持续，还是仅是暂时的现象？

答：短期看美元涨涨跌跌，长期看实体经济。我说的不是三年五年，历史的趋势证明了美国在慢慢地往下走，总体意味着美元在往下走，从这个角度来看，我不看好美国。

问：关于中国金融体系的结构性平衡的问题。我们知道，前几十年银行做的贡献非常大，2011年的利润已经是全世界的38%，比证券多24倍。在今后人民币国际化，还有服务实体经济的过程中，银行和证券各发挥什么作用？什么作用会提升，什么作用会下降？中国的金融体系结构怎么样才是平衡的？现在是25倍的对比，不知道怎样才是一个比较平衡的？美国是4~5倍。

答：这和利差、周期都有关系。体系的布局，那肯定不是某个人、多大比例、直接融资、间接融资所决定的。实际上是眼前怎么解决问题，解决什么问题，那个是自然演化的结果。就是往彼岸走，市场经济。但是，是不是一定要走到中国成为世界第一大国了，跟美国一样直接融资、间接融资？不见得。相对保持独立运行的体系，英国衰败了，美国是老大了，德国、日本起来了，但是德、日的金融体系和英国的不一样，慢慢在退，这个是长期的过程，而德国、日本在金融体系中间也没有完全走到彼岸，以直接融资为主，但是一点都不影响其经济走得那么好。

（2012 年 6 月 14 日）

全球金融危机演化

黄海洲

黄海洲，1983 年毕业于合肥工业大学，获电气工程学学士学位，1987 年于上海理工大学（中美联合）获系统工程学硕士学位，1994 年在印第安纳大学 Kelley（凯莱）商学院获商业经济学与金融学博士学位。现任中国国际金融有限公司首席策略师、董事总经理、研究部联席主管。

欧元区面临严峻的去杠杆化的任务，增长前景黯淡，新兴市场也不乐观。中国经济的未来，取决于改革。本文讲四个部分内容：第一，欧元区；第二，美国；第三，新兴市场；第四，中国。

一、欧洲正在变成下一个日本

欧洲两脚都踩在泥里面。十年之内，无法转身，这是我的一个基本判断。日本有所谓的失去的十年，我估计欧洲也会有失去的十年。

欧洲的问题，一是大国跟小国之间的差异比较大，二是最大国家的 GDP 的增长是最好的。

欧洲的两极分化正在拉大，而不是在缩小。欧元区 1999 年成立以后，实际上欧洲表面的情况是在变得越来越好。那些欠发达的国家，如西班牙、葡萄牙、意大利等，它们加入欧元区之前实际上通胀水平都比德国要高，它们的利率水平比德国高，它们的人均收入比德国低，它们的劳动生产力比德国要低，在加入欧元区的过程中和加入欧元区之后，这些国家的利率往德国的方向靠拢，从百分之十几降到百分之六七，最后就降到百分之七以内了。对部分国家而言，实际借贷成本降了十个百分点。因为那些国家劳动力成本相对于其他的都比较便宜，结果是这些国家在加入欧元区的过程里面，吸引了大量的外资，包括来自德国的，包括来自欧元区以外的。所以，这些国家的人均 GDP 增长了，这些国家的 GDP 增长速度比德国高，人均 GDP 增长在往德国靠拢，利率在往德国靠拢，通胀在往德国靠拢。在这个过程当中，欧洲表面上一体化非常好，但实际上穷国跟富国之间，尤其是德国跟其他国家的差异是在拉大，而不是在缩小。为什么呢？

欧洲各国的劳动力成本变化见图 1。

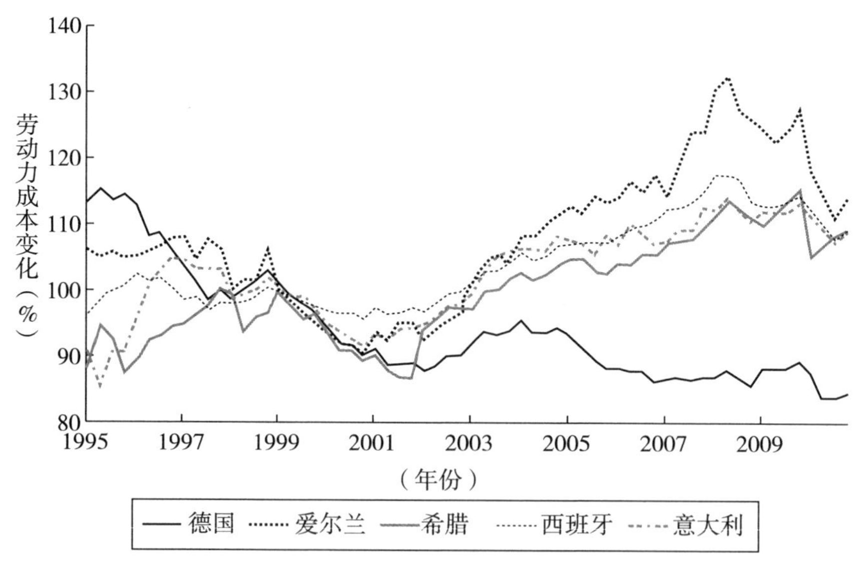

图 1　欧洲各国劳动力成本变化

在欧元区的形成过程当中，德国的劳动力成本实际上往下降了将近 40

个百分点，其他国家的劳动力成本往上涨了30～40个百分点。这表明在欧元区一体化积极推进的过程当中，表面上看起来很好，实际上国与国之间竞争力的差异并没有减少。换句话说，德国的竞争力在大大地提高，其他国家的竞争力在大大弱化。在这之后，如果发生一点问题，比如说全球有金融危机，自己的财政有问题，或者其他方面出现问题的话，实际上它是支撑不住的，我想这可能是很重要的一个核心逻辑。当时在和平时期，德国怎么有可能把劳动力成本降下来？这是什么原因？原因实际上就是柏林墙倒了。柏林墙倒了，整个东德的劳动力成本比较低，鼓励西德的厂房向东德迁。所以，德国就借着东欧剧变，东西德合并，把整个德国的劳动力成本给降下来了。这里面还有另外两个作用很重要：第一个跟汇率有关系。1999年之后，其他国家进入欧元区的时候，都是让自己的货币对马克大量贬值。马克对自己不能贬值，马克显然是欧元区里面最重要的货币。实际上德国进入欧元区的时候，马克的估值是偏高的，其他国家的货币的估值是偏低的。但是马克不能贬值，反而逼着德国在实体经济上做了一些改革，这样把它实体经济的劳动力成本给降下来了。第二个，从2010年开始，德国是全世界第一大贸易移民国，2010年之前，全世界最大的贸易移民国是中国。

欧债危机的原因，实体经济之间的竞争力的差异比较大，这是第一点。第二点是因为欧元区没有统一的财政，没有统一的主权。大家有可能关注到了，意大利发债，实际上新的债是在7%以上，这些国家GDP如果没有好的增长的话，国债会自动放大的，这个问题会变得越来越严重。另外一点大家可能也关注到了，2012年3月的时候，德国发了一期国债，这期国债是零利率国债，就是在三年期里面，不给你任何的收益。实际上，这些国家的差异在拉得越来越大。

（一）整个欧元区经济增长前景相对比较黯淡

整个欧元区，我的感觉在未来三五年甚至更长的时间里面，可能在零增长附近，或者在接近零的增长率的附近晃。

欧洲金融的去杠杆化尚未开始，这是核心逻辑。

在2008年金融危机之后，欧元区经济体各部门（政府、金融、企业和居民）中除政府部门外，其他部门的债务情况变化不大（见图2），和美国形成鲜明的对比。

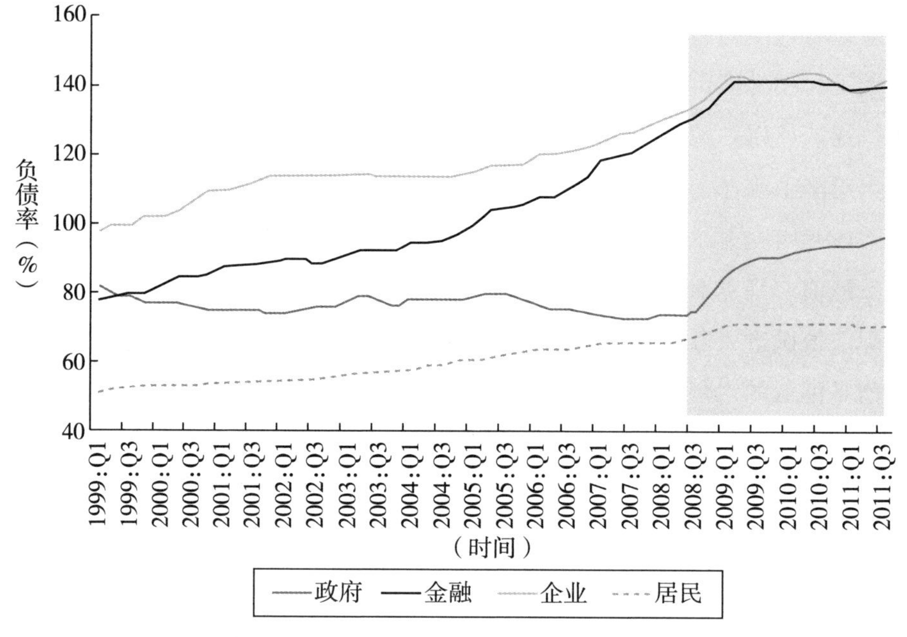

图2　欧元区经济体各部门的债务情况

资料来源：**Bloomberg**，中金公司研究部。

为什么我们判断说美国将更“美”？因为2008年以后，美国的银行已经到了30年的均线，就是去杠杆化已经到了30年的均线，所以美国的问题比欧洲的问题要小，而且我觉得美国基本上具备了再出发的条件。

（二）欧元区未来还将面临严峻的去杠杆化的任务

如图3所示，银行贷款并未出现明显下滑，这表明欧元区经济仍未经历过去杠杆化的过程。但随着欧洲危机升级，信贷市场收缩，银行贷款将会有明显的下降，如同美国曾经经历的那样。

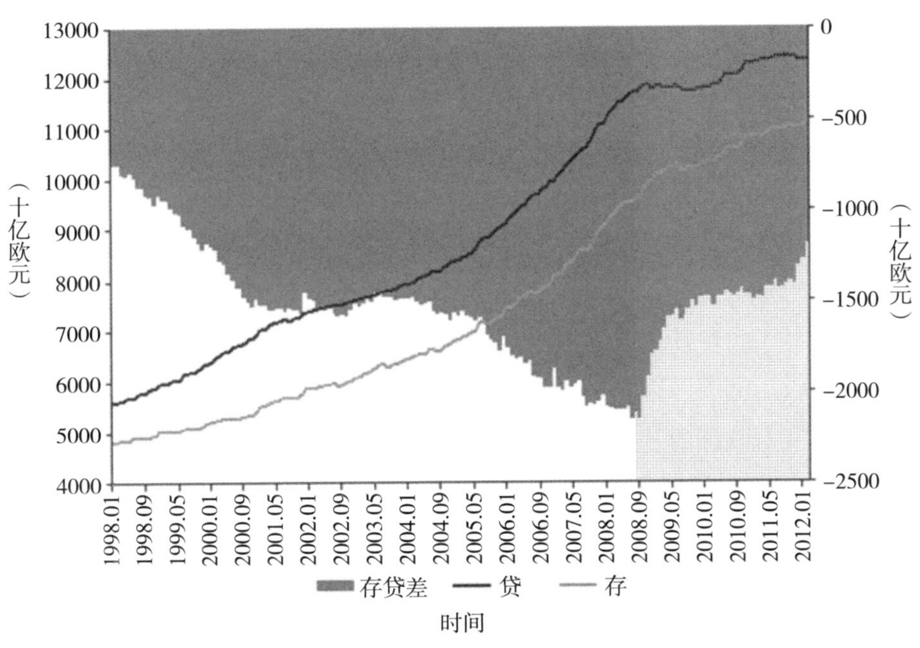

图3　欧元区的存贷情况

资料来源：Bloomberg，中金公司研究部。

（三）欧元区的危机如何演化：理论解

欧元区域理论的创立实际上是基于最优货币区域（Optimal Currency Area，OCA）这一货币理论，讲的是两个经济体，指的是两个不同的国家。如果两者之间有相对比较多的贸易方面的交流，如果用一种货币带来的好处足够大，这里面可能就符合一个最优货币区域理论。另外，货币除了做交易之外，还有一个重要的概念是什么呢？货币后面是主权，没有主权的货币，实际上是不值钱的。结合最优货币区域理论和对最优货币区域理论的批判，如果能得出最优解，最优解一定是经济和财政能进行同步整合，这是非常重要的。那就是说，欧元区要向一个统一的国家的方向迈进，不光要有统一的财政，将来还要有统一的主权、统一的军队。大家能想象得到，这是一个非常缓慢的过程，而且不一定能够顺利地往前推进。这是一个最优解。次优解有两个，一个是经济的进一步整合，另一个是财政的进一步整合。经济的进一步整合，指的是经济整合比财政整合走得更快；财政进一步整合，是以财政整合为主力，然后经济整合相对慢一点。如果两个里面，其中一个做得足够快的话，其实这个问题也是慢慢能解，但是比第一个最优解可能要差。非优解，经济和财政整合都比较缓慢，导致有部分国家退出欧元区的风险。我觉得最可能的是非优解，去杠杆化尚未开始，而且这个去杠杆化需要相当长的时间，两个加在一起看，我们得到的判断就是说，欧洲两脚踩在泥泞里，欧洲正在变成日本，可能十年都起不来。这是我对欧洲的基本判断。

二、美国怎样“美”

欧洲的 LTRO（长期再融资计划）和美国的 QE（量化宽松政策），两个听起来都是央行的量化宽松。实际上，这两者之间是有差异的。核心的差异是，欧洲银行推出的这个东西是一个“三年戴罪立功”，美联储推出的这个东西是“大赦重新做人”。美联储跟美国手下的银行是什么关系？就是父母跟子女的关系。我讲的这个逻辑是什么呢？美联储做的是，让这个孩子重新做人。为什么美国的银行资产负债表调整得这么快，其中一方面是美国政府在里面帮忙了。中国政府也做过同样的事情。中美两方面思路是一样的，虽然一个搞资本主义，一个是社会主义。这种思路在很多其他的国家也能找到，主权国家都是这么干的。

欧洲是怎么干的？欧洲有问题的这些银行把有困难的资产拿到央行去抵押，到央行借钱，央行给它们一个低息贷款。但这个抵押，三年之后，还要再吃回去，没有政府帮忙做高价给卖了。我把它称为“三年戴罪立功”。你的问题还是你自己解决，如果三年之内能赚到足够的钱，把你的债还了，否则将来这个债还是你自己付。

美国为什么调整得这么快？美国的四个资产负债表，最差的就是政府，其他三个基本上都恢复常态了。政府只要健康增长，政府的债务就根本不是问题。本次调整过程中，其实美国的企业没有受到重创，对美国而言只是一次金融危机，不是一次经济危机。美国的负债率比欧洲的负债率低得多。美国企业的负债率比中国企业的负债率低得多。美国是全世界大的经济体里面负债率偏低的。欧洲企业的负债率在130%，美国的企业负债率只有百分之四十几。这个差异是非常大的。美国实体经济相当健康，2000年、2001年，美联储压低利率，给了美国很多的企业休养时间。实际上美国的企业在2007年之前，有过7年的休养时间，再加上美国企业全球化做得非常好，美国企业的资产负债表一直在往下修，到了2005年、2006年，它就修得非常好了。所以在2007年的时候，美国并没有受到重创。

长期而言，我觉得美国经济会有新的增长点。新的增长点里面，美国的页岩气技术的开发实际上导致了美国原油价格远远低于全球的平均价格，尤其低于欧洲和中国的价格。未来三年的话，美国能源可能自给自足。美国跟中国、跟欧洲国家比起来的话，有几个优势：美国借债的资金成本比较低，美国央行维持零利率，能源价格比中国低20%～30%，劳动力价格相对在下行，就跟德国当时的情况差不多，中国劳动力相对价格在上行。最大的全球化公司在美国，有能力的话，它可能把它的产品销售到全球。全球最好的制造业技术，以及其他方面的技术在美国。

三、金砖国家值几“金”

新兴市场作为一个板块的话，金砖四国股市表现总体都不行。金砖四国的经济增长速度都在放缓，且放缓都比较明显。

总体而言，包括中国在内的发展中国家，实际上普遍面临所谓改革红利消失的问题，原来的已有的增长模式难以为继。对中国而言，依赖出口和投资为主的模式可能是难以持续的，欧洲可能就没有什么需求了，美国起来了也没有什么需求。中国怎样做才能够走到以内需为主的发展模式来拉动经济？这个我觉得有很多东西可以做。

印度这个国家一直是开放的，印度的上流社会跟西方一直是关系比较紧密的，这个国家被英国殖民过，它的上流社会的人是牛津、剑桥教出来的，这些人是说英语的，跟西方的关系很密切。它跟俄罗斯的关系也很紧密。但是这个国家没有改革，中国在 1978 年开始改革，印度受到中国的驱动，在 1988 年开始做改革。但是它改革得不够彻底，因为它的官僚体制对经济干预很多。另外，私人投资也是有很多的限制的，它的财政问题、银行贷款问题，导致印度可能面临比较大的风险。如果金融危机进一步恶化的话，如果欧洲撤资的话，印度有可能成为被洗牌的对象，在未来两年印度可能会发生非常大的金融危机。这是我个人的一个判断，我觉得它的模式难以为继。

巴西主要得益于大宗商品的优势。如果中国的需求下降，或者全球经济增长放缓，对它的影响会比较大。另外，它的基础设计、金融机构都有问题，发展模式过于依赖原材料。

俄罗斯当然跟能源关系比较大，如果能源价格出现大的波动的话，对俄罗斯冲击比较大。俄罗斯的市场化改革不足，法制不健全。

四、中国

中国过去 30 年的经济增长有几个重要特性：第一，中国是有经济周期的。第二，每个经济周期差不多是十年，每个周期往上拉，后面对应的都是重大的政治改革和经济改革实践。从政治层面讲，我觉得有几个重要的三中全会值得大家认真地去想：十一届三中全会、十二届三中全会、十四届三中全会、十六届三中全会。从这个意义上来讲，如果没有改革，现在讲反弹可能还为时过早，这个风险实际上是蛮大的，我不是说中国一定会这样，我希望这是一个乐观途径。

问：大家对中国最关注的是房产的问题，现在的经济下行，可能很大程度上与房地产的僵局相关。中国的老龄化、中国的独生子女政策，意味着中国房地产未来大量的过剩。您能否从短期和中长期对房产做一个总结？

答：我总体的感觉是，中国长期发展，还要给房地产足够的空间。房地产政策可能要进行重大的调整，房地产要带动上下游，它对整个经济的贡献，我们不应该轻视，也不应该抹杀。所以我的感觉，房地产将来走上健康的轨道的话，其实还是有比较大的发展空间的，不是指房价上涨，而是说它上下游的产业。

关于中国的人口红利和老龄化的问题。中国的城市化水平现在才刚刚达到51%，中国的国土面积跟美国的国土面积差不多大，中国的可耕地面积比美国的可耕地面积小，美国的西部可以种地，中国的西部是喜马拉雅山、戈壁沙滩。美国的农业人口大概占总人口的5%不到。中国人口是美国的4倍多，考虑到中国的南方是山区，自然耕种条件比美国差，我觉得中国城镇化之后，还有10%的农业人口。假设30年之后还有10%的农业人口，假设那个时候总人口12亿（因为计划生育下降），12亿的10%就是1.2亿，1.2亿相当于美国现有人口的40%。我们的可耕地面积比它小，设想我们用美国那套模式做耕种的话，我们有美国总人口40%种地，这应该是够了。

我们过去经济增长比较好的时候，每年城镇移民总人口大概是总人口的1.2%~1.3%，就是1800万左右。1.2%~1.3%，30年做得好就是40个点。换句话说，中国在未来的30年里面，还可以发掘城镇化里面的移民，我们的人口红利下行，但是我们的劳动力红利还继续上行。劳动力红利上行的部分可以补充人口红利下行的部分，关键是劳动力红利，不是人口红利。中国农村一年的工作时间，大家可以算一算，耕种的时候要在村里面待着，收获的时候要在村里面待着，中间到城里面找一份兼职，一年的话，工作时间就二三十周，可能还不到，同时他能干的一定是很低级的活。你要发掘这些人的劳动力，增加他的工时，提高他的工作效率，那发掘的部分就是劳动力红利发掘的部分。我做过一个初步的计算，在未来30年里面，劳动力红利的增加完全可以补足人口红利的消失。所以中国大的经济增长里面，从劳动力方面来讲，不是一个问题。中国这个国家比较奇特，你可以把中国想成美国加墨西哥，把美国放大两倍，把墨西哥放大三倍，大概是这么一个概念，不是国土面积，我讲的是总人口。中国实际上是要增加劳动力红利，每年保证有1800万人从“墨西哥”移到“美国”。美国移民问题不能解决，因为它涉及宗教、语言。我们的语言、宗教、文化差异不大，所以这方面可以发掘的余地很大。30年之后的问题，今天就要绸缪，今天就应该放开计划生育。如果是从今天开始放开计划生育，30年之后的这些孩子，正好进入劳动力市场，你会拉出一条完美的曲线来。如果大的政策能够到位的话，这个问题是可以解决的。

问：日本在经济衰退之后，它的国民是很富裕的，个人的财富是很大的。我们面临养老等问题，我们可能比下个日本都要差，你怎么看待？

答：日本很显然是先富后衰。中国现在还没有富，就是未富先衰，这确实是比较大的问题。中国要解决这个问题，关键是要保持相对较高的增长速度。中国要讲问题，三天三夜都讲不清，你讲的这些问题我也同意，解决问题的重点是要保持一个相对比较高的增长速度，在运动战当中化解这个问题。没有增长，移民停滞，很多问题都会出来。以现有城市里的这些人，盘活现有城市里的这些房子，你盘不活的，一定要把“墨西哥”跟“美国”之间的门打开，没有其他的办法。怎么打开？这是个值得探讨的问题。我认为这是下届政府要重点研究的重大课题之一。

（2012年8月17日）

争议城镇化

李迅雷

李迅雷，中国证券研究界元老级人物，早前在君安证券任研究所副所长，后长期担任国泰君安研究所所长及首席经济学家，目前任海通证券副总裁、首席经济学家，同时也是上海新金融研究院的学术委员。

中国改革开放宏大叙事里，有一个重要的主题就是城镇化，它既与经济发展有关，也与经济结构调整有关。城镇化与几十年的经济高速增长的事实息息相关，未来还将是经济发展的重要动力。城镇化命题的由来、现状和未来是怎样的？接下来我们试图还原历史、透视事实、展望未来。

一、城镇化的阶段

理性地分析，不能认为城镇化是一次新的机遇。中国经济增长已经有 30 多年了，30 多年的经济增长就是城镇化发展的不同阶段。十八大的目标里区域结构调整跟城镇化有关，比如西部开发、东北振兴、中部崛起，这些都需要不断推进城镇化。中国东部沿海地区城镇化率按照官方的统计应该是在 67% 左右，但是我们的中西部地区城镇化率只有 30% 出头，这样整个经济结构的调整就需要城镇化来推进。在 2000 年以前追求的一直是沿海地区优先发展的战略，之后我们提出西部大开发，走上均衡发展的战略。

中国城镇化有三个阶段。

第一个阶段是从改革开放到1999年。那时主要是引进外资和重化工业化为主的城镇化，是有工业化背景的城镇化，因为那时整个中国资金非常匮乏，一定要通过引进外资，通过发展工业化和重化工业化来拉动中国经济增长。比如，深圳的蛇口工业区，等到发展到一定程度之后，它的人口集聚了，这个时候需要建设城市，城市的规模不断地扩张。

第二个阶段是2000—2010年。这十年当中，我们整个城市的常住人口增加了50%，但是我们的城区面积只扩大了一倍，这个阶段有很明显的造城运动，所以我们可以看到各地都在建新区。随着新区的建设，大部分政府都搬迁了，90%的市政府搬迁了，有不少省政府也搬迁了。除了市政府搬迁之外，很多大学也搬迁了。比如，上海的大学朝两个方向搬迁，一个是松江，另一个是南汇的临港新城。这个模式是通过搬迁把原有的地块发展商业，炒高地价，而新区又通过政府的搬迁使它的地价升值，把生地炒成熟地，把熟地进一步升值，政府就有钱了。在工业化到了一定阶段之后，市区面积的扩大，主要靠政府的投资，这种模式到现在为止还在延续。但是，现在的扩张明显放慢了。上海有不少地在2012年流拍。土地卖不出去了是因为成本越来越高，拆迁成本在提高，对房地产企业来讲，它所能够承受的成本已经达到了极限。

第三个阶段的城镇化应该是以提供民生服务和公共服务来缩小城乡差距，通过对农业转移人口的市民化，通过对土地流转这方面的改革来进行以缩小城乡差距为目标的城镇化。这应该是符合大部分人的需求的，也是当中国的贫富差距达到一个极限之后，大家对于城镇化提出的新的需求。但是，这跟地方政府的投资结构还是有差距的，有些地方政府还是想着怎么来变卖土地，怎么把土地的价格抬高，把拿到的钱用于投各种各样的项目，比如路、桥，还有造楼等。所以我们第三个阶段的城镇化面临很大的问题。

二、城镇化的问题

近几年，政府推动城镇化最大的问题是钱从哪里来。土地财政完了之后就是融资平台，现在是搞创新模式。地方政府的融资创新在这方面举措很多，说明现在筹钱越来越难了。

我前面讲到了很多成本，我也注意到李克强总理在不同场合的报告当中，非常多次提到要缩小城乡差距，所以这一轮的城镇化按照我的理解，主要还是以缩小城乡差距为目的的城镇化。怎么样来缩小城乡差距呢？第一是农业转移人口的市民化，这是需要花钱的。我提了一个叫上海外来人口市民化的课题，提出来之后被市政府的决策委给否定了，说这个课题不能做，因为做这个太花钱了。上海户籍人口占上海常住人口一半左右，有那么多的外来人口，这么多的人口调研起来怎么受得了？所以，可以看到农业转移人口市民化，还是李克强总理提的，但是牵扯到户籍制度改革。第二是要增加公共服务，对公共服务的体系进行改革，就是医改、社保等，又是需要花钱的。第三是土地流转制度的改革。农民要市民化，农村怎么富起来呢？要增加财产性收入，而农民现在有的就是地。我们很多的投资人都在关注有哪些上市公司可以得益，这方面实际上也没有太多。农民通过土地流转就可以发财致富，这在城郊结合部还有可能，因为过去几十年我们的城市面积已经扩大一倍了。中国实际上对土地的浪费是非常严重的。中国 18 亿亩（120 万平方千米）耕地，这么多土地如果都能流转起来的话，就不一定值钱了。

过去的城镇化可以说是一个欠账式的城镇化，为什么这么说呢？因为大量的劳动力进入到城市，被很多厂家廉价使用，但是没有为这些劳动力支付相应的成本，没有为他们缴纳医保、社保等。地方政府通过扩大城区面积，通过征地，获得了土地，土地卖出去产生巨大的收益，然后进行投资。其实这就是欠账式的城镇化，欠了农户、储户和散户的账。中国经济的高增长，我们的城镇化是欠账式的增长。现在的城镇化要还债，但是钱又用完了。我们过去十几年来的财政收入都是每年有20%～30%的增长，但是这么高的增长还是一个吃饭财政，不仅吃完了，还欠了很多债，这点债现在都没法还。上海的地铁已经比较市场化了，但是上海地铁的投资都是跟银行借的钱，现在地铁票总的收入连还利息都不够。北京地铁就欠得更多了。这些方面接下来要支付那么多的成本，那只能增加政府负债了。所以，整个中国经济的下一阶段，政府的债务与余额，尤其是地方政府的债务与余额会大幅度上升。2013年的两会还没有开，估计财政赤字会在1500亿元左右，创新高了。

我觉得大家对城镇化乐观的地方在于，我们还有很多人口可以转移到城市里，由此能够带动城市的大量需求，大概一个农民工进城可以创造10万元左右的消费额。但是有一点我觉得统计局的数据有问题，我们农村可以转移的劳动力被高估了。我得到的结论是：农村可转移的劳动力数量是4000万～6000万人，这个数据可以仔细去研究一下。有很多学者认为我们现在城市化率才51%，现在户籍人口占总人口的比例只有百分之三十几，所以将来的空间很大。但是，实际上真正要把农民工转移成市民的话，成本是难以承受的，而且政府也没有兴趣做这个事情，所以我们对政策的评估一定要理性。就我们国家经济发展的阶段来讲，我认为农业可以转移的人口不多了，而且我们的工业化已经到了后期。

与经济增长放缓相对应的就是政府负债占GDP比重增长快，我们现在按照官方统计该比重是百分之四十几，民间统计的政府负债占GDP比重是百分之七十几。总体来讲，政府的负债水平增长非常快。对于地方政府的负债，整个结构是变化的，原来是以信贷为主，现在城投债比重在上升，信托的比重也在上升。2013 年的地方债到期量是 2.9 万亿元，占地方本身财政收入的 54%。地方财政本身就是吃饭财政，现在还要还债，地方的财政收入没法还，只能用借债的方式还。土地财政也是一方面，但是在今后会越来越少，所以中央的负债增长缓慢，地方政府的负债增长得非常快，这样的话就会导致我们整个债务占 GDP 的比重快速上升。最近有不少记者打电话来问我地方债的风险会不会爆发。我说不会爆发，因为地方债都是以隐形的中央政府的信用作为担保，如果真的出现问题，中央也会承担的，毕竟是政府的债务，它不是企业的债务。再来就是，这个比重不算太高，我们现在的比重，如果高估一点的话，占 GDP 的百分之六十几，而日本是百分之二百四十几！所以，中国的偿债能力还是可以的。另外，我们政府的资产负债表也还可以，因为我们有很多的国有企业，很多国有的经营性资产。所以，规模并不是太大，地方在今后几年增加负债还是可以拉动中国经济增长的。概括来讲，我觉得今后十年地方政府通过举债的方式还是可以拉动中国经济增长的，但是它必须进行改革，必须变卖国有资产、出让国有企业等。

三、城镇化的发展趋势

我们现在常说要追求均衡发展，但是实际上，我们还是应该要发展大城市，以达到规模经济。中国的大城市化率还是偏低的。全球 100 万人口以上城市的人口占整个城市人口的比重是 73%，而中国大概只有 47%。为什么要发展大城市呢？因为大城市达到规模经济，它的劳动生产力比中小城市要多 20% ~30%。大家现在感觉中国的城市人口越来越多，这是因为我们生活在大城市或者省会城市，其实中国很多城市的人口数量还是不足，尤其是很多中西部城市，这跟我们的行政化管理有关。

另外，我们的投资基本上还是向西部倾斜的，我们大量的投资都投到西部，东部地区的投资比重从十年以前的55%降到现在的52%，中西部地区的投资增加了。但是，我们看一下投入产出比，尽量东部地区的投入产出比在下滑，但是还是很高的，而东北、中部和西部的投入产出比还是很低，说明我们的投资缺乏效率，投资到很多地方缺乏规模经济。世界银行有一个统计，全球陆地面积1.5%的土地上产生了50%以上的GDP，这说明越集中产出率越高，越分散产出率越低。我们理念上觉得我们太集中了，效率太低，应该均衡发展，各个地方都可以搞产业。中国的城镇化有个悖论，就是人口是向东的，投资是向西的。我们从各个年份的人口统计数据可以看出来，东部地区从1990年到现在常住人口是不断增加的，而中部、西部、东北的人口在不断减少。人口和资金都是生产要素，这就是生产要素的错配。我们可以看到，100万人口以上的城市，其核心地区的人数在过去几年当中并没有增加。例如上海，虽然金山、南汇、嘉定等地人口增加挺多，但是市区，如黄浦区、静安区的人口并没有增加，全国也是一样。所以，我觉得人口集中还是一个趋势，我认为我们可以搞一个城市集群。但是，目前最大的问题是我们的这种城镇化摆脱不了现有行政体制，所以中国必须进行行政改革。

到现在为止，保障房和医改的执行情况还很差，问题就是我们的行政体制。我比较反感上海提出的行政口号——创新驱动。从历史上来讲，人类的创新驱动主要还是在美国，从人类科学成就来讲，中国就排在更后面了，所以我们提了很多口号，提的都是呼吁。你说上海要进行转型，但是上海的新兴战略性产业在GDP当中的占比是下降的。你说我们是靠什么驱动的？金融业？上海的金融占GDP的比重比北京要低很多，北京是总部经济；比深圳也低很多，因为深圳比上海的市场化程度更高。很多事情，口号是口号，实际是实际。中国的科研投入全球排名第三，但是获得全球认可的三方专利的数量，中国排名第十三名。中国自己研发、自己认可的专利数量全球第一。为什么会出现这种情况？体制问题！中国鼓励你申请专利，但是在美国，你申请专利要很高的费用，将来这个专利没有得到应用的话还要赔钱。在中国申请专利的话是有奖励的，之后有没有得到应用是没人管的，这就导致我们的专利数量大幅度上升。

所以，未来中国经济增长不是创新驱动，还是体制驱动。当然，我们还处在城镇化进程中（虽然已处于后期），投资驱动还是能够延续的。按照我的估计，我们的城镇化率是约60%。我的逻辑很简单，不需要讲大道理，城镇化率到底有多高，我们不要算城镇人口，我们算农村人口就可以了。农村人口有多少，除以总人口13亿，数字就出来了，约40%。所以，中国城镇化率是约60%，提高到70%就差不多了。投资模式驱动会变化，消费驱动还不太现实。现在投资的最大问题是政府投资，政府投资会导致很大的问题，投资应该由政府转向民间。很多的社会融资总量明显增加，这里面增加很大的一部分还是地方政府投资。如果民间投资的话，现在利率市场化了，这么高的利率水平，它要投资的话，自然要投资一些赢利的项目、一些好项目，而一些低毛利率的项目它就不会投了。对于民间投资是不是有效，我觉得根本不用担心，因为我们的利率已经逐步市场化了。需要担心的是地方政府的投资，不管五年任期还是十年任期，地方项目投下去之后，是否有回报不是它重点关注的方面，它的第一个目标是GDP，第二个目标是税收。投资使这两个目标都增加了，如果增加不了企业所得税，至少可以增加营业税、增值税。由此可以看出，只要目前的财税体制不改革，我们政府的投资冲动就永远存在着。当然，这里不讲有关寻租方面的事情，单单研究目前体制下的政府行政行为就可以发现，我们的产业转型和经济结构调整都非常困难。所以，经济转型与否的硬指标就是企业利润率是不是上升。中国500强上榜的企业把银行除掉之后，平均利润率只有2.9%，对应的GDP是9.2%，这是2011年的数据。美国的GDP增速只有2%，但是企业的平均利润率是6%，是中国企业的两倍。500强里有很大一部分是央企，其回报率比较低。

政府职能的转型也是必不可少的。我们的债券市场，尤其应该让城投债更加透明化，变成市政债。我在做人大财经委委员，也在看财政支出，让我看得最清晰的一张表是什么呢？是中央给予上海的发债额度的使用情况，把它的投向看得清清楚楚。最不透明的是政府型基金。原来我们讲的政府财政的预算外收入，现在变成政府型基金了。我们现在财政有四个口袋，真正给你看的只有一个口袋，就是债的发行，就是中央财政地方发行的地方债，这个是透明的。所以，我非常希望我们今后融资当中债权融资的比例或者直接融资的比例会提升，财政透明度提高以后，监管就会更有效，资源配置的效率也会提高。

此外，还要加快国有资产的转让。城镇化需要有一个资金来源，目前，金融企业加上非金融企业的国有资产，估计股东权益大概有 18 万亿元，这部分都是可以大量转让的包括中石油、中石化、中国移动、中国电信的很大一部分，还有土地资产、行政性资产等。土地流转是至关重要的，通过土地流转改革来推动我们财政的调整。

总结以上关于新型城镇化的思考，有以下几个要点：第一个，投资主体从政府向民间转变；第二个，模式上从自上而下的人造城镇向自下而上的产业推动城镇融合转变；第三个，城镇建设从面积扩张向改善人居转变；第四个，农村土地从征用补偿向可流转交易转变。

问：关于证券市场，想听您讲一讲一些细分行业，哪些您觉得可能在城镇化进程中会有更快的发展？

答：我是搞宏观研究的，我们研究所做了一些这方面的研究，我对这方面涉猎不多。我觉得现在的城镇化不能够单纯就城镇化而城镇化，应该放到缩小贫富差距、城乡差距上。从大的方面来讲，投资还要集聚，对钢铁、水泥板块还是有一定好处，尤其是对于水泥板块。将来城镇化的重点放在哪些方面？比如说中部地区。它的城镇化率比较低，所以在这方面的投入可能会更加多一点，它会对应一些股票。我对股票没有任何的研究，昨天吃饭的时候基金经理讲，跟土地流转相关的有哪些，他讲了两个，其中一个是金桥中枢股份。浦东不知道有没有土地流转方面的东西，主要是宅基地这块更多一些。另外从消费的角度来说，要提高居民生活水平的话，生活必需品的消费可能会增多一些，奢侈品消费可能会减少一些。它不是一个运动，它不像世博概念、军事概念等比较集中，它还是比较分散的，我的研究重点还是在政策和体制方面。

问：两会快要开了，您对城镇化的一些政策有自己的方向性判断，您认为政府应该会着力推动什么？

答：我觉得城镇化肯定是一个题目，可能涉及得更多一点。我觉得改革的重点可能还是会在财税改革这一块。因为改革在十八大提出来改革目标，包括价格体制改革、财税体制改革、金融体制改革、国有企业改革、支持民营经济这几个方面。去年（2012 年）在金融体制改革方面动作还是比较多的，今年（2013 年）随着城镇化的推进，地方政府现在都缺钱，地方政府的抱怨比较多，说事权跟财权不统一，80% 的事权要地方政府来承担，而财权只有40%。所以，对改革还是要给地方政府很多的财权，也就是分税制的改革可能会增加。但这也是一个十年轮回，当时朱镕基总理就是觉得地方政府的权太大，才把权收上去，改革发展到现在，地方政府又在抱怨钱太少，很多事情做不了。但是实际上，变来变去都不属于行政体制的变化，还是中央利益和地方利益的切分，这方面可能会有一些改革。另外，我觉得在利率市场化改革上可能会进一步推进，包括建立存款保险制度。物价改革其实现在也越来越形成一个共识，对于电价可能改革会更加早一点。但是对于大家所期望的，比如说收入分配的改革，其实没有太大的动作，方案已经看过了，无非是对国有企业高管进行限薪，年龄比较大的高管在国有企业拿了太多的钱，这种改革改变不了中国目前收入分配的现状，这个收入分配也不是通过收入分配制度改革来实现的，还有灰色收入等问题，这块如果不触动的话还是很难改变现状的。李克强总理已经提出来以增量改革为主，存量也要动，但是立刻就动的话难度很大。增量改革改变不了居民的财富结构，但是并不等于不改，所以整个中国经济应该还会得到温和的增长。

问：刚才提到了加快国有资产转让的问题，关于这个问题您觉得采用什么样的方式会比较好?

答：还是靠倒逼了。有一个现象，当经济增速上升的时候，国有企业的赢利状况普遍要比民营企业好；当经济增速下降的时候，国有企业的平均利润水平就下降比较快，比民营企业要差。如果说今后几年中国经济还是要下个台阶的话，估计国有企业的日子会难过，这样的话，国有股权的转让等可能会加快推进。还有一个就是地方政府的负债，当地方政府的债务水平上升之后，想通过转让一部分所属的国有企业来变现，所以在这方面也还是有一定的动力。最终的改革，真正的改革就是铁道部的改革，中国铁路的经营民营化，中国肯定会走到这一步，但是什么时候走到这一步，我觉得还不好说。在十年内应该还是有机会的，但是现在让国有企业主动放弃是不大可能的。

问：我正好是从事房地产开发的，我有一个问题。从政府角度来说，因为是从政府角度缩小差距，所以提出一个城镇化方向，但是刚才也讲到人才都是往东部流，政策是往西部引，从市场角度来说，包括西部，包括东北，其实现在的城镇化都是市场容量没那么大，人才也没那么多，很多企业，特别是民营企业都在犹豫，因为二三线城市市场就那么大，而且现在同质化竞争也比较激烈，大家都去投，所以这里面市场跟政府之间的矛盾比较大，这块政府应该也是比较清楚的。解决这个矛盾有些什么样的政策？或者有些什么样的办法？这个问题到最后，企业投的会越来越少，因为现在很多地产企业都是从三、四线撤回到一、二线，政府就会成立自己的新城开发公司、管委会，然后自己来投，但是自己投就会导致刚才讲的那些，负债会越来越高。我觉得应该从政策的角度来引导，因为企业都是追求经济效益的，如果有一些好的政策，特别是一些产业政策，或许会有好的效果。在这方面有没有好的解决办法？

答：我觉得作为一个企业来讲，更应该去看的是市场价位怎么变化，依赖政府在这方面做出一个非常好的政策，我觉得很难。招商引资是各个地方政府一贯追求的，无论是贵州，还是中国香港，地方政府的体制决定了它的行为，不管是哪一位省长、市长上任，他都是这么去想、这么去做的。关键是作为一个企业，怎么能够去发现未来我们中国的经济地理版图是怎样的，这是非常有意义的。从我来讲，从2008年开始，我就一直不看好三、四线城市，当然个别的例外，我还是看好城市集群。对长三角、珠三角核心城市，我还是比较看好的；城市集群里面，比如中部地区的长沙、株洲、湘潭、武汉，我还是比较看好的。西安跟郑州，我更加看好郑州，因为它的地理位置好，人口聚集度高。每个地方政府都要发展，农民工的两条腿会最终决定一个城市的兴衰。现在农民工在西部地区增加了，当地就业就增加了，说不定我们往东部迁移的步伐减缓了，这要看是什么来拉动农民工的。这几年中西部地区的投资在增加，但是这个投资是否可持续很关键。一旦这些投资没有效率，接下来的投资又没有跟进，当地的产业没有形成，这个地方怎么会发展起来呢？过了五年十年，一样还是要衰退，像鄂尔多斯，人造的城市，发展背景就是煤炭价格上涨，一旦煤炭价格下跌了之后，这些煤老板就没钱了，这个城市就迅速地衰落。从历史上来看，从宋朝开始我们的人口就在往东部转移了，这是个历史变迁的过程，是一个长期的过程，不是哪个政府可以改变的。三、四线城市也有机会，个别城市有机会，但不是所有城市都有机会。三亚这个地方也有过房地产泡沫破灭的时候，最惨的时候房价只有两千多一点，但是三亚为什么会起来呢？因为中国只有一个三亚。为什么广西的北海没有起来呢？广西的北海在上一轮房地产泡沫之后还是起不来，它也说它的银滩非常诱人，但是为什么就起不来呢？从全国来讲，三亚成为一个旅游胜地，成为一个度假胜地，是一个比较后产生的选择。中国崛起的高收入阶层就选择了一个地方，这种历史机遇的把握，还是需要审时度势的，需要有很多认证，看这个市场、这个经济会发生什么样的变化。任何一个国家在经济高增长的时候，都会有几个地方成为大家热衷去投资和休闲的地方，我觉得政府的政策在目前体制下，最终还是要适应市场的。

问：您刚才提到城镇化进入了第三个阶段，核心就是提出改革民生服务这些方面，提到民生服务、教育、医疗，很多东西还是在户籍制度的基础上做的，但是户籍制度改革目前看来阻力相当大。您对中国户籍改革的前景有什么样的判断？换句话说，中国户籍制度改革不能够推进的话，是不是我们城镇化也有一个很大的影响？

答：对。第二次世界大战之后，120 多个国家里大概只有 13 个国家成功地成了高收入国家，像南美、东南亚的绝大部分国家都进入了中等收入陷阱。这说明国家的崛起也是符合二八定理的，甚至更少。中国要想胜出的话，必须进行体制改革。通过一般的口号难以推动，户籍制度改革口号提出来应该也有十年时间了，在这十年中没有发生什么变化。重庆是有点变化了，因为重庆变成了直辖市。如果我们的改革是一个自上而下的改革，很多改革都会动力不足，很多政策的执行就是看意愿。一个华侨，你给他产权证都没办法拿到房子的话，那说明我们这个政府的执行力是非常有限的。对于今后城镇化的改革，尤其是在缩小城乡居民收入差距，让低收入群体的收入水平提高方面，我觉得这个难度是非常非常大的。城市里农民工占的比重已经很高了，80后的农民工加上城市里面的这些30岁以下的低收入群体已经占到城市人口的20%。将这20%的人由穷人变成平民，要多大的投入？30岁以下的农民工已经不会干农活了，他们在城市里又得不到充分的教育和培训，怎么能够提高他们的技术能力，提高他们的水平，这些其实都是要投入的。我们中国人的最大问题就是我们的计算能力很强，我们算小账的能力很强，但是大账不太愿意算。应该算一下，我们要多大的投入可以缩小这个差距，几万亿是不够的，需要有几十万亿的投入。这些钱来自哪里？没有一个收入来源的话，怎么来解决这个问题？我们现在仅仅是增量的改革都很难实现，增量的收入差距也很难缩小。我们讲过国民收入的倍增计划，我们到2020年收入翻番，这个收入翻番是指整体的收入水平翻番，它没有讲这个结构的收入是怎么回事。我们统计局公布的居民收入里面，平均数和中位数我想可能很多人还没有研究过，有多少人低于我们平均数水平，统计局没有公布。要提高这些人的收入水平，通过纯增量的改革，即便改了也没办法实现。这些方面，我觉得我们的改革没有一个非常数量化的实现路径，没有披露，这是很大的欠缺，所以改革还是任重道远。当然，我也希望中国能有一个很大的发展。

（2013年1月25日）

第55期陆家嘴金融家沙龙

重启改革：路线图与时间表

吴敬琏

吴敬琏，中欧国际工商学院宝钢经济学教席教授，国务院发展研究中心研究员，“中国经济50人论坛”学术委员会荣誉委员，《比较》辑刊、《洪范评论》主编，中国社会科学院研究生院、北京大学教授。曾任国家信息化专家咨询委员会副主任、国家规划专家委员会副主任、国务院深化医药卫生体制改革工作领导小组专家咨询委员会委员。还曾任国务院发展研究中心常务干事、国务院经济体制改革方案办公室副主任、第8届全国政协委员、第9届和第10届全国政协常委兼经济委员会副主任、第25届和第26届（2002—2008年）国际经济学会（International Economic Association，IEA）执行委员会委员。曾在1984年、1986年、1988年、1990年和1992年五次获得“孙冶方奖”，2003年获国际管理学会（IAM）“杰出成就奖”，2005年荣获首届“中国经济学奖杰出贡献奖”，2011年当选为国际经济学会（IEA）荣誉主席。主要著作有《何处寻求大智慧》《十年纷纭话股市》《计划经济还是市场经济》《呼唤法治的市场经济》《当代中国经济改革》《中国增长模式抉择》《重启改革议程》《直面大转型时代》等。

中国新一届领导上任后，在改革方面做出了诸多承诺。中国重启改革的步伐在紧锣密鼓地前行。那么，改革为什么要制定改革的总体规划、路线图和时间表？该怎么制定和执行？①

一、为什么要制定改革的总体规划

（一）十八大：不失时机全面深化改革

从21世纪初期到十八大前，中国实际上是在一个三岔口上，可以往左走，也可以往右走。往右走就是从国家资本主义一直发展到权贵资本主义，往左走就是回到毛主席后期。十八大最重要的意义就是在这个问题上做出了决定，即中国改革按照十一届三中全会以来的路线走，推进全面的、整体的改革。用十八大的话来讲就是，“必须以更大的政治勇气和智慧，深入重要领域的改革”。从经济改革方面来说，“坚持社会主义市场经济的改革方向，关键是处理好政府和市场的关系，更大程度、更大范围地发挥市场在资源配置中的基础性作用”；在政治改革方面，要“加快推进社会主义民主政治制度化，实现国家各项工作法治化”。也就是说，要继续推进市场化、法治化、民主化改革。

十八大宣布决心推进改革仅仅是重启改革的第一步，重要问题还在于解决“改什么”和“如何改”的问题，要把十八大的决定落到实处。根据1984—1989年和1991—2001年两轮改革的经验，全面深化改革必须完成如下三项工作。

一是确定改革目标。20世纪80年代的说法叫“目标模式”。体制改革的目标即确定建立什么样的经济模式。1984年确定了社会主义有计划的商品经济；1986年，国务院提出以价财税为核心，建立配套改革，建立国务院经济改革方案设计办公室；1988年设计的方案经国务院和党中央的中央财经领导小组通过后准备推出。但是在设计过程中出现了一些问题，主要

① 编者注。

是改革涉及的部门很多且大多隶属党中央，但方案办公室隶属国务院，使得部门协调遇到很大问题。同时，有些领导认为改革是不能设计的。因此，此次改革经1986年的8月国务院常务会议和中央财经领导小组通过，9月向邓小平做了汇报，邓小平是全面支持的。但10月却又被下令停止，至此，此次配套改革就终止了。

二是制定重点改革方案和改革的总体规划。进入20世纪90年代，改革要设计方案逐渐得到了一定的认同。例如，《财新》杂志一篇讲90年代初期改革的长文《改革是怎样重启的》谈到，90年代初期，改革第一步是中共十四大确认了社会主义市场经济的改革目标，第二步就是方案的设计，这就是中共十四届三中全会通过的《中共中央关于建立社会主义市场经济体制若干问题的决定》（“50条”）。“50条”有两个重要的方面：第一，改变了过去推进改革的方针。过去推进改革叫作“整体渐进，阶段突破”。也就是说，改革的每个阶段找几个突破口，把它推出去以后，会出现新的矛盾，然后加以解决。这种做法也被称为“撞击反射”“纵横弹跳”。总而言之，就是找一些突破口，来回地进行，经过一段时间，逐渐把市场经济的各个子系统建立起来。十四届三中全会改变了这个方针，提出“整体推进，重点突破”。第二，确定了财税、银行、外汇、国企、社会保障五个改革重点，又称“五大支柱”。这五个重点突破了，市场经济系统就大致建立了。这五大重点都有明确的目标或具体的改革方案。

三是克服阻力，把各项改革落到实处。从1994年开始，改革主要由国务院、体改委（经济体制改革委员会，现已并入发展和改革委员会）来执行，执行力度很强。

1997年十五次代表大会将十四届三中全会没有涉及的产权制度基础予以明确，提出调整和完善所有制结构，建立“公有制为主体，多种所有制经济共同发展”的基本经济制度。其中特别重要的就是国有资本有进有退，以退为主的布局调整。例如2002年，国务院五号文件批准了电力改革的方案，通过网厂分开、竞价上网、输配分开、售电放开等四项改革，实现电力部门竞争环节的市场化。

（二）关于“顶层设计”的争论

中央经济工作会议要求2013年“深入研究全面深化改革的顶层设计和整体规划，明确提出改革总体方案、路线图、时间表”；“十二五”（2011—2015年）规划提出，“要更加重视改革的顶层设计和总体规划”。顶层设计的说法是新的，以前不叫顶层设计，叫目标模式。这引起了学界、政府部门很多人开始研究和讨论应该做一个什么样的顶层设计，应该有哪些重点的改革项目。对于要不要做顶层设计有一些不同的意见。

一些经济学家、学者认为，改革不需要总体规划，放开就好。但是根据30多年的经验来看，是需要改革的总体规划的。这是因为，一方面，现代市场经济这个体系、系统太复杂；另一方面，如果改革规划由部门、地方从下往上来做，往往设计的时候就会出现向自己利益倾斜的情况，最后整个大系统协调不了。所以，还是需要由中央从上到下地进行设计。

还有一些经济学家、学者担心，顶层设计是不是意味着顶层的人关门搞设计。我认为，从顶层向下进行设计的同时，也应该发挥基层的创造性，二者不能完全对立起来。做顶层设计的时候，一定要倾听基层的声音和要求。当然，这里面还牵涉更深入的认识论上的问题。同时，顶层设计需要吸收以往的经验和教训，而且顶层设计只是一个大方向，在执行过程中还需要不断调整，不可能做到非常细、非常烦琐。

总之，现代市场经济是一个复杂、巨大和精巧的网络系统，不能“边设计、边施工”，也不能由各个部门和各个地方各自按照自己的意图进行设计，然后拼凑成一个体系。必须由一个超脱于局部利益的高层权威机构在下层创新的支持下，进行top－down（自上而下）的规划和监督规划的执行。顶层设计、总体规划要与基层创新相结合。在具体设计总体方案时，第一步，要在社会广泛参与下，采取问题导向的方法分析当前各个社会领域的突出矛盾，找出造成问题的体制性原因，提出需要改革的项目。第二步，汇总通过问题导向的分析提出的改革项目，按体制领域列出改革清单。现在百废待兴，需要改的地方很多，为避免四面出击，分散力量，可以考虑把改革分成若干阶段，权衡轻重缓急，挑选出最为重要和关系密切的改革项目，形成每个阶段“最小一揽子”配套改革方案。一些无须与其他改革配套进行的改革，可以相机独立推出。

二、怎样制订和执行改革总体规划——“最小一揽子”方案

改革的核心目标是建立竞争性的市场体系。也就是说，要放开商品价格和要素价格（自然垄断行业的价格和服务标准要社会机构制定），确保不同所有制主体的财产权利得到平等保护，不同所有制企业平等地使用生产要素；消除行政垄断和政府的微观经济干预；厉行法治，建设规则基础上的市场经济，市场监管要从实质性审批转变为合规性监管。

为达到上述核心目标，需要四个配套改革：一是财税体制改革。要回归公共财政，减少各级政府对微观经济活动的介入；增加地方预算的本级收入，提高中央预算的支出责任；减少专项转移支付，建立规范的转移支付制度；提高预算的透明度，加强人民代表大会和公众对预算的监督。二是金融体制改革。要继续推进利率市场化和汇率市场化改革；壮大公司债券市场；加快资本项下人民币可兑换改革，放宽对个人和企业海外投资的限制；继续推进人民币国际化。三是社会保障体系建设。要总结过去医疗改革的经验，增强新医疗保障的可持续性；划拨部分国有资本和国企收益，充实个人社保账户；提高社会保障的统筹层次，逐步实现全国统筹。四是国有经济改革。要实现国有资产管理机构从管理国有企业到营运国有资本的转变；继续推进国有资本有进有退的布局调整；开列竞争性行业名

录，国有资本逐步从这类行业退出；允许地方政府出售国有股权，用以补充社会保障基金、公租房基金等的不足；加快国企建立有效公司治理的改革。

设计好总体方案固然不易，但实施总体方案更是一场硬仗。为此，一要打破以权谋私的特殊既得利益者的强力阻挠和反对；二要启动一些大众关心、成效易于被观察到的改革项目，以便提高政府政策的可信度，聚集改革人气；三要注意创造和维护较为宽松的宏观经济环境，使系统化改革能够顺利出台。

对话

问：如何化解特殊利益集团的阻力？

答：化解特殊利益集团的阻力需要从多方面下手。教育，形成社会的一种共识和压力；同时，党和政府也要用法律手段。当然对于过去的事情应该有一个清醒的认识。改革开始的时候没有规则，法规本身不健全。考虑到这种情况，给一点出路是对的。但是，必须和其他的改革配合起来进行，把制度建立起来并严格执法。

问：您提出的“最小一揽子”方案，未来5～10年实现的概率是多少？

答：我觉得长期和短期的前景可能要分开来看。长期来说，我是乐观的，旧体制非改不可，如果不改，绝对没有出路。其实，现在我们的社会矛盾激化已经到了临界点。“革命和改革正在赛跑。”从短期来说，我并不那么乐观，因为意识形态和既得利益的阻力太强大。

问：如何考虑改革中的收入分配问题和改革利益问题？

答：改革中的收入分配问题，我们可以看一下西方国家。马克思在世的时候贫富分化和阶段矛盾十分尖锐。根据他的分析，深刻的根源在于那时的经济增长方式是传统的经济增长方式，增长主要靠物质资本投资拉动。于是投资率越来越高，消费率越来越低。这造成了两个结果：一个是最终需求不足造成生产过剩的危机，另外一个是贫富差别的加剧和无产阶级贫困化。这种情况在19世纪后期的第二次产业革命以后发生了变化。罗伯特·索洛认为，20世纪上半期美国的经济增长主要是靠技术进步和效率提高驱动的。效率提高要靠人力资本，于是促进了中等阶层（白领工人）的成长。所以，要解决我们当前的分配问题，归根结底要转变经济增长的模式。另外，只有人的集聚才能产生新的思想、新的理念、新的技术，才能够增加劳动者的收入和消费需求，拉动经济增长。所以实现真正的城市化，把进城务工的农民变成有知识、有技术的城市劳动者（市民）也是非常重要的。

（2013年4月10日）

多层次资本市场建设：挑战与突破

张云峰

张云峰，现任上海股权托管交易中心党委书记、副董事长、总经理，兼任光大证券公司证券发行内核小组成员、上海水仙电器公司董事、上海交通大学国家战略发展研究中心客座教授。

作为多层次资本市场的亲历者，演讲者娓娓道来，如数家珍，让我们回到那些有趣、有聊的资本市场的往事，对于我们现在建立多层次资本市场是不可或缺的经验之谈。莞尔一笑的同时，发人深省。现在新三板正如火如荼地开展，新三板本质是什么？将往哪里去呢？

一、中国多层次资本市场体系的历史

讲中国的多层次资本市场，就要讲为什么要设多层次资本市场，先把这个话题搞清楚，我们就知道多层次资本市场是怎么建设的。中小企业融资难这个问题是一个全球性的问题，但是在中国是特别突出的。为什么呢？我们中国中小企业的数量太过庞大，现在有两种统计口径来统计：按照第一个统计口径，中国的中小企业有 1290 万之多；按照第二个统计口径，有 4900 万之多。这些中小企业对我们国家 GDP 的贡献度已经超过了 60%，对解决就业人口的贡献度已经超过了 80%，但是得到融资的数量都不到 10% 。那也就是说，我们中国的这种资金配给的机制，实际上制约了我们的中小企业发展。再进一步地说，中国资本市场的配给机制实际上已经制约了我们的经济建设。

那么，怎么解决中小企业融资难的问题？过去，我们各级人民政府一直想的办法就是一条，找银行。所以，我们到处在对接，到处都是网站，到处都是银行和企业之间的对接，但是成功率非常低，为什么呢？主要是银行本身内控的要求，它必须低风险。银行的关键问题在于，它出的钱不是它自己的，这个钱是储户的，所以它投这些钱一定要想到某一天要把它收回来，否则光出去收不回来的话，储蓄客户来拿钱怎么办？这就是银行为什么要风险控制，为什么不能给一些小企业投资，最根本的原因就在这里。不是只有中国的银行这样，全世界的银行都这样，所以全世界的银行都嫌贫爱富，越有钱的企业，它越愿意把钱贷给你，越没有钱的企业，它越不敢把钱贷给你。所以，靠银行解决中小企业融资难的问题，这条路几乎是死路一条，解决不了。

那么，如果不能靠银行解决问题，中小企业靠什么去融资呢？要靠社会资本。但是靠社会资本也是有代价的，社会资本的融资一定要想着我要退出来，一定要有退出通道才能去融资。在国外，最好的退出通道是重组并购。比如，我在硅谷设立一个企业，干得很好，有很多好的故事，讲了以后很多人把钱投给我了，我干着干着把这个企业做大了，然后把这个企业卖给别人了，我们的股东就在重组并购的过程中实现了股权的退出。这在国外是很普遍的，但是在我们国家很难做。

重组并购不能解决，那靠什么解决？唯一的解决方式只有资本市场。20 多年以来，中国的资本市场到底建设得怎么样了？在这 20 多年里面，我们只建设了一个精品市场。在国外的金融家眼里，这个不叫市场，叫精品店。你们想一想是不是精品店，我们上市多么艰难。我们上市要求很高，鸡蛋里面挑骨头，最后把企业扒一层皮才能上市。我们回过头讲，难道把这个企业规范到一点毛病都没有，这个企业就一定好吗？但是不这样做不行，因为中国的企业数量太过庞大，而上市的数量又那么少，它总得找一些条件把你卡下去，所以卡来卡去就卡你的治理结构，卡你有没有违法违纪，卡你有没有交税等一系列问题。卡你历史上出资有没有瑕疵，历史问题还要打一棒子。这样做实际上都走偏了。所以，我们中国20多年的资本市场发展来发展去发展了一个精品店，而这个精品店里面还是那些成熟性的企业在这里上市，所以最终的结果是那些不需要钱的企业拿到了钱，而真正需要钱的企业是拿不到钱的。像中石油、中石化，除了它的垄断经营以外，最大的优点是什么？账上有钱，没地方花。它们拿出几十个亿，那是随随便便的事，但你这几十个亿要是拿给中小企业，马上就可以支持很多中小企业快速发展。但是钱就到他们手里去了，其实没什么用，不知道该怎么用，就是这个状态。所以，我们中国20多年资本市场的发展，实际上是为那些并不是特别急需要钱的企业创造了有钱的机会，而真正需要钱的这些小企业还是拿不到钱。而且我们的资本市场规模发展太缓慢，2000多家上市公司，在欧洲一个的很小的国家里面，这个规模是可以的，但在我们中国这样一个泱泱大国里面，这个规模太小了，杯水车薪，解决不了企业问题的。

所以，我们怎么发展呢？就要发展多层次资本市场。关于中国多层次资本市场体系，这个话题现在到处有人在讲，什么版本都有，最新的版本是六板，等一会儿我再一一跟大家说这六板是怎么回事。我们先说一个正规的版本，是2007年5月中国证监会正式向国务院递交的一份报告，这个报告就是《多层次资本市场建设方案》，其中描述的结构就是三层结构，同年8月，国务院给证监会原则性批复，就说按照这个结构去建设，所以目前社会上传的所有的版本都是大家自己去演绎的，真正具有权威性的，有国务院批复的中国多层次资本市场的版本就是这个版本，三层结构。那么，这个三层结构是怎么设的呢？它设立的原理就是根据你服务的对象不同来设立：主板市场对应的是大型的龙头型的蓝筹股的企业；创业板市场对应的是处于成长后期的，有自主创新能力的，具有高成长性的这些企业；剩下的不能上主板，也不能上创业板，但是有融资需求，有交易需求，符合一定规范条件的企业，全部都到场外市场上市。所以，中国的资本市场就这三个结构，它基本上涵盖了我们国内的所有的企业。这是标准的中国的多层次资本市场体系。

这个体系中主板市场建得比较早，主板市场建立的时候是两个交易所，一个上海，一个深圳。为什么是两个交易所呢？因为当时并没有考虑到两个交易所去竞争，那个时候的通信手段和结算手段不发达，所以只能建两个市场。

创业板市场历经十年，1999 年的时候，创业板市场已经经过了三次联网测试，很多营业部单板显示创业板的行情的东西已经建好了，但是就在万事俱备，只欠东风的时候，在众多的中国经济学家们的质疑声中夭折了。当时质疑的问题是什么？现在看来都不是什么问题，就是做市商和注册制。当时我们的经济学家们认为，做市商和注册制必乱无疑，现在在国外做得最好的一些制度，当时我们的经济学家认为这是必乱无疑，所以硬生生地把创业板炒黄了，所以创业板没有开出来。历经了十年，2009 年正式开出来了，但是现在的创业板市场它在理论上讲，主要是为那些处于成长后期阶段的企业服务的。

场外市场的雏形比创业板还早，它最早是在 2001 年 7 月 16 日设立的。为什么设立这个市场呢？中国的资本市场过去是两所（上交所、深交所），还有两个网，一个叫 NET（全国电子交易系统），一个叫 STAQ（全国证券交易自助报价系统）。当时 NET 网的总经理是屠光绍。NET 是中国人民银行批准设立的，STAQ 是国家体改委批准设立的，这两个法人股交易网其实当时也是很火爆的，但是后来在清理整顿中国资本市场的时候，这两个网关了。接下来第二个问题来了，中国证券法里规定，主板市场上市公司连续三年亏损需要退市，当时说退市是怎么退，退市就是离开证券市场。但是在我们国家就不行，我们国家现在的股民经常来闹事的。所以，退市没那么简单，你不能说退就退，正在这时，咱们有三板市场出来了。从2001 年 12 月 10 日这一天，中国的第一家退市公司上海水仙电器正式登陆这个市场。随后，2002 年、2003 年大量的退市公司全部进入这个市场，所以现在老三板市场里面历史已有的公司只有十几个，剩下 50 多个全部都是退市公司。

这个问题解决了以后，应该说三板市场发展得还是比较平稳，但是这个市场又得到另外一些人的关注。是谁呢？北京中关村的企业。为什么它们关注这个市场呢？因为北京中关村的企业 1999 年的时候就准备上创业板了，好多企业都做了大量的工作，花了很多的代价准备到创业板上市，结果创业板夭折了，上不了了。怎么办呢？这些企业当时提了退而求其次的一个方法，就是我们上不了创业板，我们干脆上三板去交易吧。场外市场就这样在 2006 年 1 月 23 日这一天正式开盘了。

二、中国多层次资本市场体系的问题

应该说我们主板做得很好，风险可控，的确为解决我们大型的龙头型企业的融资问题发挥了重要作用，也创造了不少财富神话。但是，这个市场大家必须要看到一个重大问题，那就是我们上市的条件实际上要求太过苛刻。如果我们做一个精品市场的话，我们要什么样的企业才好呢？好企业就是发展快、赢利强，能够给股东创造最大化利益的企业。但是现在我们主板市场走了一条非常偏的道路。我们主板市场认为的好企业是什么呢？主板市场认为的好企业是要干净——历史上不能有任何问题，不能有出逃、不能有不实出资、不能有不诚信记录等。过去中国历史上有一个叫作定向募集企业，那个时候各个省都可以定向募集，后来被认定为非法，非法以后要进行清理整顿，整顿以后还想上市，根本上不了，要想上市要推倒重来，重新设置公司等三年。当年这个是政策规定的，又不是企业家自己规定的，完全没有道理。定募公司在四川多得很，这些企业根本没有任何上市的机会，一棒打死，是被历史问题打死的，不是现在的。现在好好的企业，因为历史的问题一棒打死了，这样做偏离了我们资本市场的本源，主板的问题在这儿。

创业板的问题主要是跟主板市场边界不清楚，创业板市场在全世界成功的案例很少，最成功的就是纳斯达克，剩下都是不成功的。不成功最大的问题是什么？欧洲的那些创业板市场主要是把关不严，企业变脸，最后导致大量的投资者被套牢，导致最后股票发不出来。还有一些国家的问题就是边界不清。刚才我说过了，在我们当前的通信手段和监督手段高度发达的情况下，如果两个市场的边界不清晰，没必要把它们分开专门设立一个市场，没有任何意义。现在我们中国面临的就是这个问题。可以看一看，现在在创业板市场上市的公司大体是能上主板的。上主板市场的企业能上创业板吗？也可以上。这就是边界不清，边界不清的话，这个板块没有意义。

场外市场的问题很多，主要有以下七个方面。

第一个问题是场外市场这个名字。做理论探讨，这个名字本身就有问题。什么叫场内，什么叫场外？在国外是有非常清晰的界定的，只要你是进行电子化撮合交易的，都叫场外，凡是有经纪人在里面参与报盘的，都叫场内，这是不一样的。中国没有经纪人报盘的环节，实际上我们都在场外，我们都是进行电子化交易。跟中国的证交所交易方式最接近的是哪个市场？是美国全美交易所。全美交易所就叫场外市场，因为它没有场子，没有人打手势。

第二个问题是有点一哄而上。那么这一哄而上是怎么来的呢？新三板市场建立以后，它是标准的场外市场。后来天交所设立以后，被打压过一段时间。天交所被打压的原因是什么？就是在不该高调的时候太高调了，后来悄悄设立了重庆股份转让中心，没有引起任何人的关注。当然这个市场也没有发挥什么作用，谁也没有当回事。但是它好的一面是什么？是引发了很多政策的出台。第一个出台的是《非上市公众公司监督管理办法》，这个办法2007年就在做，早就做出来了，始终没有出台。现在，上海股交出来以后，马上就把这个东西拿出来，目的是给新三板市场奠定一个良好的法律基础。第二个出台的是《关于规范证券公司从事区域性股权市场的监督管理办法》，正式约定了证券公司该怎么做才合适。所以上海股交中心的成立跟其他地方不一样，引发了很大的震动，而且催生了很多政策的出台。

第三个问题是《关于规范证券公司从事区域性股权市场的监督管理办法》被很多地方政府误读。这让很多地方政府理解成证监会同意了，每个省可以设一个市场。那么这个问题，你想可能吗？证监会哪有权利要求地方政府做什么，证监会只能规范证券公司怎么干，没有权利要求地方政府怎么干。现在还有的地方说，一个地方要建好几个，广东省深圳建了一个，广州又建了一个，据说佛山还建了一个，大家都在建，连县城都有这种交易所。据不完全统计，现在大概有21个这样的交易所了，最远在新疆有一个，兰州也有，甘肃、青海、辽宁都有。辽宁是2013年4月22日开盘，我还参加了开盘仪式。所以现在就出现了一哄而上这么一个局面。

第四个问题是公信力的问题。我们这个市场的公信力主要体现在审核和监督管理上。主板市场审的就是你这个企业符不符合上市条件，但三板市场的上市条件很低，没有具体的财务指标，所以很快就审核完了，基本都符合条件。那我们审什么呢？审你披露出来的信息是不是真实、准确、完整的，有没有虚假记载、误导性陈述、重大遗漏。现在是谁审得最好？就是上海市的最好。按照标准，我们是看工作底稿的，推荐机构给我们交材料的时候，不仅交披露的信息内容，还要看大量的工作底稿，一纸箱的东西拿过来，我们要挨个看。看了以后发现你这里叙述不真实，或者是不够完整，会让你补充。这个模式还原了资本市场的本源，其实任何一个市场，只要叫市场，它一定是有骡子有马，一定有好的有差的，菜市场里面就是这样的，有好菜有差菜，有钱人买好的，没钱的人买差的。原则是什么？原则就是你必须得说清楚，差就是差的，好就是好的，谁也不要乱包装。所以我们这儿就是这个原则，上市门槛很低，谁都可以来，但是你得说清楚，好的就是好的，差的就是差的，不能乱包装。

第五个问题是市场的功能发挥严重不足。现在这个市场的功能是什么？我前面讲过，资源的配置和再配置，换一句话说，就是融资能力和交易能力。现在 21 个交易所里面，除了我刚刚说的新三板、天交所、重庆股份转让中心和上海股交中心这四个以外，其他交易场所的股权融资几乎是 0，但是上市家数可不少，浙江股权交易中心才成立几个月，已经 73 家了。沈阳一开板就 41 家，但是其融资额现在是 0。那企业去那儿干什么？我们交易，零零星星象征性地有那么几笔，所以交易也交易不了，融资也融资不了，你干什么？其实开一个市场非常简单，屠市长经常说你给我 3 天时间我就把市场给你开出来。开市场非常简单，你搞一套系统，电脑服务器买了，把电脑系统装进去，搞几个人搞个场地，这个市场就开出来了，但是要其发挥作用可没有那么简单。现在可以说，这些市场几乎都没有发挥任何的作用。真正能发挥作用的是哪一个？我们从理论上来讲，真正发挥市场作用的只有上海股交中心一家。什么叫市场发挥作用？就是靠这个市场来融资。也就是说，投资者是看重在这个市场来投钱、退出的，这叫这个市场发挥了作用。如果我这个人投钱的目的是将来上主板，和这个市场没有关系。从这一点来看，目前只有上海股交中心一家发挥了作用。新三板别看它搞了七年，它那几笔投资都是冲着主板去的，如果不是上主板，没有人投的。

第六个问题是行政分割。前不久听说有一个地方的金融办的主任开会说了，谁要是把我们这儿的企业弄到外地去，我就要制裁你。真正像上海这样有开阔胸怀的政府不多，因为上海的政策都是面向全国的。现在上海政策新三板也可以享受，上海股交中心也可以享受，天津交易所也可以享受，谁都可以享受，只要你上这些市场我都可以支持你。只要你能够融到资，把钱拿回来搞建设，这就是根本，这个观点是对的。浙江以前有好几个企业都是奔着上海来的，现在都不敢来了，因为他们一来政府就找他们，“上海不能去，我们自己这里有地方”，行政分割非常严重。行政分割好不好呢？行政分割没有问题，但是问题是，你那个市场能不能发挥作用。如果你那个市场发挥作用，没有问题；如果不能发挥作用，最后害的是自己的企业。现在国内出现很多怪异的事情，比如允许到国外上市，但是不允许到上海，你说怪异不怪异。浙江的企业就是这样的，到国外可以，上美国、欧洲都行，但是到上海不行。这个就有点过分了。

第七个问题是市场融资难、交易难。为什么？我们分析一下这个问题的根本。这个问题的根本其实很好回答，我想问问在座的各位，新三板里面的一个企业你们投不投，买股票吗？我估计绝大部分人不肯去买和投。如果你们不去投、不去买，那谁来买呢？中国的现状是什么？中国的社会资本目前发展得很不成熟，现在大家都还是一窝蜂地做 Pre－IPO（上市前基金），现在只要说这个企业在未来多少年可以上市的话，很多人都来扎堆投这个，因为中国的投资机构就是这个样子，不只是中国，在国外也是这样的，美国也走过这个历程。退到10年之前，那些叫投资咨询公司、投资顾问公司的都是干什么的？都是炒股票的。那个时候，他们肯定不投 Pre－IPO，后来因为坐庄的事情不能做了，所以只能去投 Pre－IPO。现在的投资者都在追热钱，都希望能够两三年内上市赚大钱。我们现在投资都很简单，首先看这个企业有没有问题，有没有硬伤，所谓的硬伤就是历史上有没有问题，出资实不实，有没有出逃，有没有重大违法违纪，房产是不是在自己的名下，有没有占用农村土地等；其次会看一下，在未来两三年里这个公司的业绩能不能达到上市的标准。基本上就是这样判断的。如果按这种方式判断，在我们的市场里面就没有办法投了，这就是问题的根本。这个市场融资力达不到，没有人来投，问题在这儿。

三、新三板的制度

新三板的一些制度能不能解决根本性问题？新三板现在推了一些新制度，这些新制度都是改善流动性问题的。第一，可以超过 200 人了；第二，可以进行竞价交易；第三，T 加几都不限制；第四，可以引入个人投资者；第五，可以做市商。我们想一想，这五条规定能不能解决现在的融资和流动性问题。

先跟大家说投资者这个问题。投资者的规定应该是有效果的，但新三板不缺投资者，新三板的投资者现在有成千上万。为什么呢？只要是在深圳开户的都是新三板的股民。新三板是这样的，在 2006 年 1 月 23 日开盘的时候是没有门槛的，所有的投资者，不管是个人还是机构，都可以进。到 2009 年 7 月 6 日这一天才不允许个人投资者进了，只有机构投资者才能进。为什么呢？因为 2009 年 7 月 6 日这一天新三板市场跟深交所的开户系统打通了，也就是说，你只要开了深交所的账号，你就是新三板的人。当时证监会就认为与深交所的系统打通了之后新三板必火无疑，一定会出现热潮。我当时是在一线的，我知道这不可能，跟他们辩驳了几次，他们也不听。结果后来让我们做风险预案，甚至让我们在每一个网点里都安两个便衣，就怕那天出现什么纠纷之类的。我当时觉得完全没必要，结果，你们去查一查，2009 年 7 月 6 日那天，新三板几乎没有交易。所以说它不是股民多不多的问题，是有没有真正愿意在这里投的投资者的问题，放开这个门槛没有多大意义。

根本问题是什么？刚才我说了一个——培育投资者，还有一个根本问题是转板。新三板真的是可以转板了，这个问题能解决。要想转板成功必须得修改当前的证券法，不修改证券法这根本是不可能的事，现在这纯粹是以讹传讹，误导大家。证券法可以修改吗？可以修改，需要两三年的时间。问题是修改了证券法，还必须做成转板，我认为还是做不了。

在中国现行的上市规则下，小企业永远不要去想一步登天的事，永远不可能。直到什么时候才可能？直到我们上市不是这种模式，就是变成简单化了，到那个时候你才能解决这个问题，否则转板一步登天在中国绝对不可能。我从 2007 年开始研究这个问题，到 2009 年就再也不研究了，因为我认为这在中国不可能。所以我们说，转板都是好多不懂的人在讲，懂的人一般都不再讲了。

四、问题的解决

当前这个问题怎么解决？其实充分的竞争就能解决问题，只要充分竞争了就能改善服务，在改善服务的过程中形成一个优胜劣汰的环境。其实在美国，区域性市场过去非常多。区域性市场在美国定义得非常清楚，就是不遵守联邦法律，遵守本州法律，由本州组成工会进行自律性监管的市场。但区域性市场服务的对象是全球企业。我们定义的中国区域市场是什么呢？只为自己本地服务的叫区域市场？根本就不是。我问个问题，在工商总局注册的企业，你说它是谁的服务对象？区域化指的是什么呢？就是由区域管理，遵循区域化的法律法规，由区域进行监管，这叫区域性市场。但区域性市场，其服务对象是面向全球的。真正的比喻是什么呢？新三板叫 CCTV（中央电视台），咱们叫东方卫视，这就对了，服务对象都是全球的收信号的这些观众。

那么，如果出现一哄而上的问题，怎么解决呢？充分竞争就能解决这个问题了，去行政化，就是政府不要去干预，大家都竞争。美国的市场就是这样竞争下来的，美国没有行政化干预，大家就去做，谁做得好谁就生存，谁做得不好谁撤走。现在，美国竞争来竞争去，区域市场就剩五个市场，辛辛那提、波士顿、费城等几个交易所，就是竞争的结果。我们中国靠这种方式就可以解决问题，但是我们要想去行政化很难。

还有几个大的理论性的问题。第一个大的问题叫区域化。一定要解决这个问题，它给我们这些市场套了一个枷锁。第二个叫公开与非公开。现在很多人说新三板叫公开市场，而非公开市场的市场前面就不能加定语，因为如果非公开那就不叫市场。在国外设立市场就三个原则：第一，公平公正；第二，控制风险；第三，要讲效率。这就是资本市场，在国外，你只要符合这三条，你就什么市场都可以设。但是控制风险有个问题，如果你风险控制不好的话，要损失效率，一个市场要设立得什么都可以做，但是如果公信力不够就不能做了，这就是市场。这些理论性问题需要去好好地正本清源。

问：做市商，如果进入的话，会不会对场外市场活跃发展有一些作用？我国台湾地区这些场外市场，它当然很大一块跟场内市场一模一样地交易复制，但还是发展起来了，美国也发展起来了，我们这个场外市场怎么样才能够在新股发行没有改制的情况下，在未来几年活跃起来，真正发挥作用？

答：做市商制度其实源于柜台市场，发扬光大于柜台市场，它是最适合于柜台市场的。简单地说，做市商制度其实就是投资者和投资者不交易了，都跟我做市商交易，买股票从我这儿买，卖股票卖给我。做市商这种机制有很多好处，第一就是活跃市场，第二是可以平抑风险，因为价格是我来出的，我出价，大家到我这儿来买。目前在我们国家，其实这类市场需要用这种机制，但这种机制也不是解决问题的根本。为什么呢？现在天交所就是用的这个机制，天交所这个机制变成什么状态呢？做市商一出场全是卖盘，全卖给他，没人买。那做市商怎么办呢？做市商只有一个办法，就是逃避。他怎么逃避呢？做市商你不买不行，你要出了价格人家卖给你，你必须得买，这是活跃市场的手段，对吧？那他怎么办呢？他可以调价格，变成1分钱一股，你卖不？前一天的收盘价只有一个规定，就是它的买价和卖价之间不能差10%，然后你的价格愿意怎么波动就怎么波动。只要有买有卖就赚钱了，因为他只要这么一倒腾，10%就赚回来了。如果说当我的价格出得过高，大家都卖给我的时候我就没钱了，那我怎么办呢？我就得降价，这两个价要都往下降，我应该降到什么程度？降到大家都想买我的股票了，那我这价格就降到底了。大家都从这儿买，从我这儿买我再往上涨，大家卖给我再降，如此来回波动，从中寻求一个平衡。那么，现在的情况怎样呢？现在咱们天津实践的结果就是，他一出价就有人卖，没人买，他只好降到1分钱，结果既没人买也没人卖。所以，做市商制度本来是件好事，但是实操当中没有买家照样不行。解决问题的根本就是我说的那个，就像咱们上海股交中心这样不遗余力地让这些投资者改变投资理念到这里来，只有这个办法，目前没有别的办法。但这个办法见效很慢。当然，繁荣的日子一定会来的，为什么呢？刚才我说过了，现在投资者已经不赚钱了，Pre－IPO要赚钱，我们就没有市场，Pre－IPO不赚钱了，我们就有市场了。

问：您觉得中国的这些交易所，包括上交所的股东结构将来会怎么发展呢？

答：过去的市场都是群众组织或者是在中国叫事业单位。现在全部都变成公司制了，包括纽交所、联交所等都变了。现在我们国家还有两个没变的，就是深交所、上交所，目前还是事业单位，但是正在变了，已经有监事会主席了。现在新三板都是公司制的了。新三板的这个公司制有七个股东，大股东就是上交所、深交所，剩下那几个都是交易所，叫六所一司，这六所一司都是证监会管的。所以，这个新三板市场应该说是证监会的。上海股交有四家股东，大股东是上海国际金融集团，这是代表市政府的；二股东是上海证券交易所，这是代表证监会的；三股东是张江高科；四股东是联合产权交易所，就是咱们上海的一个产权交易所。上海是四个股东，与其他的市场都不太一样。浙江的大股东是国资委，二股东是上交所，三股东是证券公司。每个地方交易所结构都不太一样，但是目前其他地方交易所绝大部分都是证券公司在参与。

问：可以在这个市场发中小企业私募债吗？

答：可以，现在已经有几个市场在发私募债了。浙江发了几笔私募债，但是证监会不认可，他们认为那种私募债是有问题的。私募债的问题是没有上位法。咱们上海不是不能做，是一直没敢做。这里我说句话，大家要是到上海股交中心来，或者到上海投资，来上市的话，你们可以放心。我们的风格是什么呢？就是我们一定把所有的问题理清楚了才做，理不清楚的话，我们都不敢动的，所以中小企业私募债，那么多人来催我们做，我们始终没敢动。为什么？中小企业私募债到现在为止它的上位法根本就没搞清楚，搞不清这个法律是怎么回事。现在大家都在做，所以我们今年也准备做了，但是我有一个要求就是，必须得市政府批准这个流程我们才能做。资本市场的一些元老是怎么样落马的？就是做这些事的时候搞不清楚法律上是否可行，反正大家都这么做，你做我也做，大家都做。做来做去，五年以后就清算了，一清算的时候全是错的。例如坐庄，那时候谁不坐庄？有哪个证券公司不坐庄的，对吧？但是你看五年以后一清算，反正你坐了就是扰乱市场，扰乱市场就得受到处罚。

（2013 年 5 月 7 日）

提高经济效益、改善社会公平：中国新一轮经济体制改革的主题

秦　晓

秦晓，英国剑桥大学经济学博士。自1976年先后在煤炭部、石油部工作，1986年加入中国国际信托投资公司，1995年4月任中国国际信托投资公司总经理，后任中信实业银行董事长、亚洲卫星公司董事长，2001—2010年任招商局集团董事长和招商银行董事长，是第十届、第十一届全国政协委员。

中国已进入工业化的中后期，依赖要素投入、规模效益的“赶超型”增长方式已走到尽头。而目前的制度环境、人力资源状况和技术水平未能显示出跨越“中等收入陷阱”、进入“创新型社会”的条件和能力。中国如何走出这一困境？

一、中国面临“改革窗口”的历史机遇期

中共十八大产生了新一代的领导，它标志着中国进入了一个为期5～10年的新的政治时期。与此同时，中国经济告别了两位数的高速增长期，开始放缓。这不仅是因为受到2008年全球金融危机的影响，更为主要的是政府主导的经济体制和经济结构内生问题的积累和显现。中国需要在体制上寻

求新的增长模式，挖掘新的增长动力，与新的政治时期同步，中国的经济发展也进入了一个新的时期。这个新时期的主题是“改革”。

改革需要两个要素：“共识”和“议程”。“共识”是指理念问题。不同的理念对要不要改革、改革的方向和目标会有不同的判定和认识。“议程”是指政策工具选择和配套，次序、路径和时间表的安排，以使“顶层设计”与“基层创新”形成良性互动，兼顾短期周波问题和长期结构问题。

制度是国家走向的基础。经济体制是社会制度安排的组成部分，它与政治体制、社会治理密切相关，或者说三者具有不同的功能，共同构成一个相互包容和自洽的整体。达龙·阿西莫格鲁和詹姆士·罗宾逊两位学者合著了《国家为什么会失败》（*Why Nations Fail*）一书，该书的副题为“权力、繁荣和贫困的起源”。作者用15年的时间对近500年来全球数十个不同国家出现的繁荣、稳定与贫困、动荡两个走向做了实证研究，并探讨了它的根源。作者认为，产生这两个走向的主要原因不是地理（自然禀赋）、文化和历史（传统）、领导人的理念和认知，而是制度，特别是政治制度。作者将制度，包括经济和政治制度划分为“包容性”（inclusive）和“榨取性”（extractive）两类。“包容性”是指为市场自由交易提供激励，为“破坏性创造”提供条件，使财富的分配趋于公平、公正。“榨取性”是指使市场交易充满风险和不确定性并扼制创新，社会创造的财富流向权贵阶层。在一个特定时期，“榨取性制度”也可能实现经济的高速增长，因为这也符合权贵的利益，但由于其内生问题而不可持续。作者认为从“榨取性制度”向“包容性制度”转型没有一个单一的药方，旧制度下问题的积累也不一定自动导致转型的发生。

转型是与各种主客观条件相关的，其中最重要的条件就是出现“十字路口”（juncture）的时机。所谓“十字路口”，就是对旧制度的不满形成社会压力和改革的呼声，大多数国家的转型都发生在处于“十字路口”中的政治家、社会精英和民众的互动与选择。中国三十多年的改革开放标志着中国开启了向“包容性”制度的转型，当然，转型之路是漫长的、不平坦的，当下的中国又走到了一个“十字路口”。由于外部因素的趋势性变化和内生问题的日益显现，持续多年的中国经济增长模式已渐式微，而转型又步履艰难。在这样一个关键时期，中国需要在体制上实施全面的改革以挖掘新的增长动力，寻求可持续的、均衡的、体现社会公平公正的经济发展道路。如果丧失这个机会，长期积累的问题有可能引发重大的经济、社会危机。

二、传统增长模式的式微

2008 年全球金融危机的爆发使全球经济从“黄金的十年”跌入“衰退的十年”。中国也难以独善其身，从 2011 年经济增长持续下滑。这个下滑有周期性的因素，但主要是结构性的，即它标志着在传统增长模式下，中国经济增长的长期趋势已到达了一个拐点。

中国已进入工业化的中后期，依赖要素投入、规模效益的“赶超型”增长方式已走到尽头。而目前的制度环境、人力资源状况和技术水平未能显示出跨越“中等收入陷阱”、进入“创新型社会”的条件和能力。

中国的城镇化在经历了 30 年持续加速的进程后开始放缓，城镇化率从“九五”“十五”平均每年 1.35～1.45 个百分点下降到“十二五”规划设定的 0.8 个百分点。自 2007 年农民工在就业人口中的比例出现负增长、农民工工资持续上涨，沿海一些城市出现了民工荒的现象。这表明廉价劳动力无限供给的时期已经过去，“刘易斯拐点”已经到来。

城镇化率见图 1。农民工工资增长率见图 2。

中国社会老龄化已悄然来临，长期以来经济发展享受的“人口红利”已基本枯竭。中国劳动年龄人口增长到 2015 年将达到拐点，之后转为负增

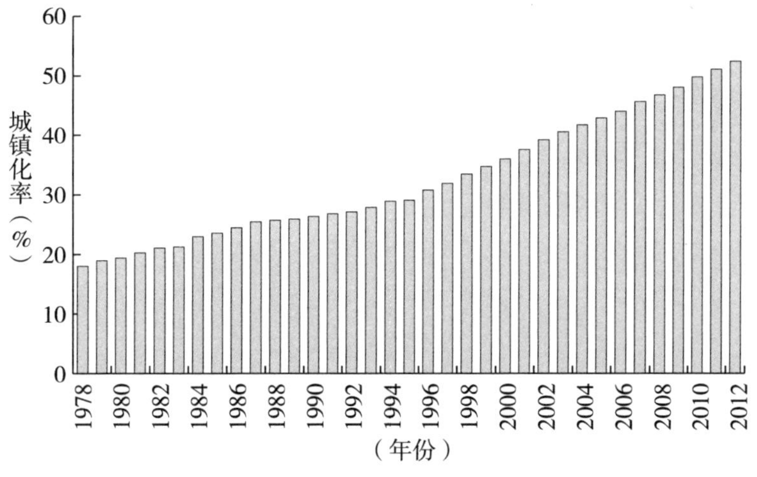

图 1　城镇化率

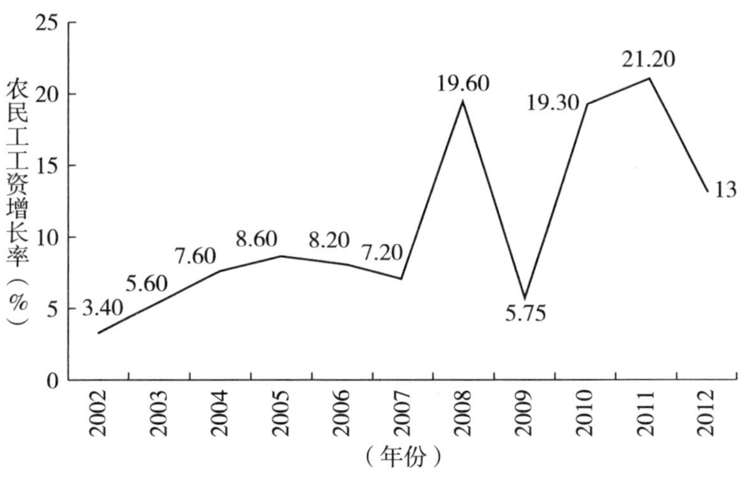

图 2　农民工工资增长率

长；届时中国 65 岁以上老人占人口比重将接近 10%，抚养比开始上升。这标志着中国正迈入老龄社会的门槛。

总人口增长率和劳动人口增长率见图 3。劳动年龄人口和老龄人口占比见图 4。

自20世纪90年代中期以来，出口已成为中国经济高速增长的重要支柱。全球金融危机后，出口急剧下滑，危机是结构失衡所导致的，因而全球经济的复苏必然经历结构的“再平衡”。这就意味着中国长期依赖的出口需求将受到买方和卖方经济体内部国际收支平衡的制约。

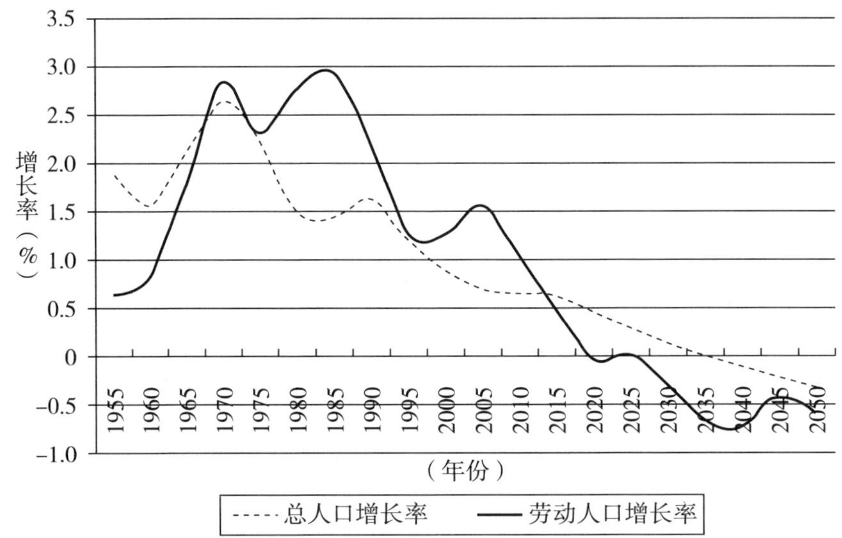

图3　总人口增长率和劳动人口增长率

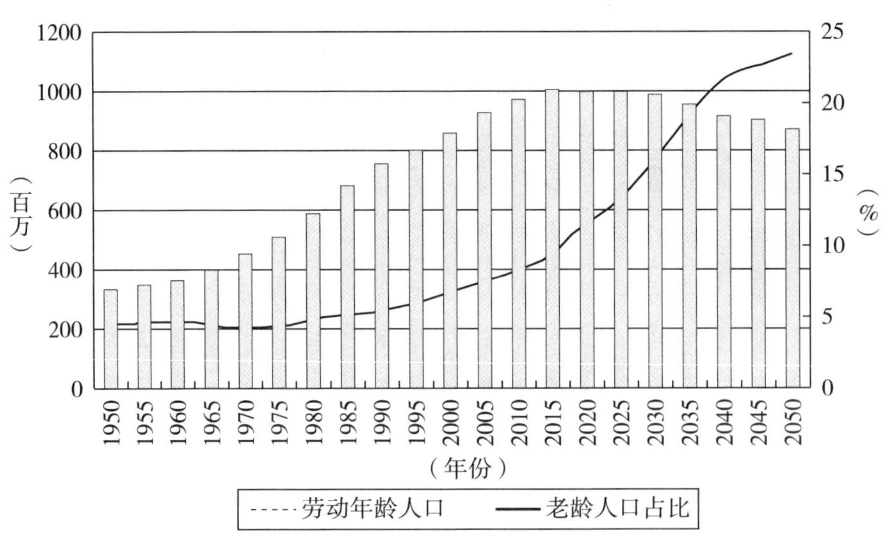

图4　劳动年龄人口和老龄人口占比

中国出口占 GDP 的比重见图 5。

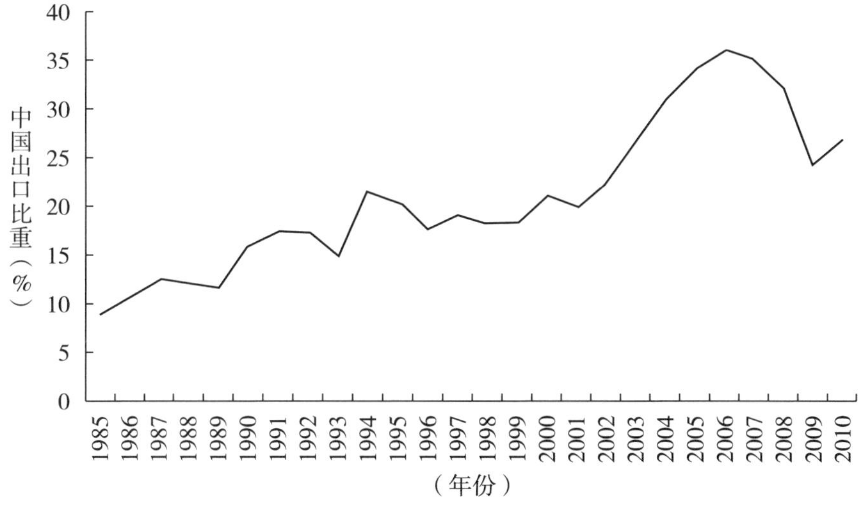

图 5　中国出口占 GDP 的比重

以上四个基础性因素的重大变化，对中国经济的供给面和需求面将会产生深刻的影响：供给面，高储蓄提供的充裕、廉价资本，农民工提供的无限、廉价的劳动力已走到尽头；需求面，全球“再平衡”，包括国家的“国际收支平衡”、家庭的“去杠杆化”和增加“储蓄率”将对外部需求形成制约。所以，以投资、出口为主导的经济增长模式将难以为继。

三、速度与制度之争

当下关于中国经济发展是否进入了一个“新时期”，在学界存有争议。一些学者将争论聚焦在未来二三十年中国经济增长的速度上，认为劳动力的低成本比较优势依然可以使中国保持长期、较高的增长速度，如 8%。我认为，速度是经济发展的重要指标，但它不是目的。速度与质量（效益）、结构应保持均衡，高速度、低质量、结构失衡不能持续，相反，高质量、良好的结构则可以减轻速度的压力。因此，争论实质不是速度而是制度，即原有的增长模式是否可以持续，是否应该持续。决定经济增长的最根本因素不是要素成本而是制度。至于“新时期”的增长速度应该多高，这需要全盘考虑各种基础性因素发生的变化，如环境、能源制约、要素价格市场化等减项因素，制度改革、政策调整等加项因素，并在此基础上测算出中国经济真实、合理的潜在生产能力（PPF）。

四、凝聚改革共识

中国自20世纪70年代末启动的改革开放是一场从计划体制向市场体制转变的伟大制度变革。改革开放的内在逻辑和终极指向是建立一个现代社会。市场机制是现代社会的一个重要组成部分，它的基本特征是市场供求决定价格，从而引导资源配置。但市场自由交易体系需要民主、法治、产权保护、信息公开透明、政府与市场边界的划分等制度基础设施的支持。在这个意义上讲，中国的市场化改革仍有待推进，而政治体制、社会治理的改革、法治的建设更是不可逾越。

以政府主导经济为标志的传统增长模式在启动市场化改革、推进工业化进程中曾发挥了积极的作用。但随着市场化的进程，这种模式对价格、交易的管制扭曲了资源配置、抑制了市场交易和创新，已成为当下中国政治、经济、社会、环境领域诸多弊端和矛盾的根源。

传统经济增长模式的式微预示着中国经济发展将进入一个“新时期”。“新时期”的主题是通过体制改革，挖掘新的增长动力，转换增长方式。

新一轮经济体制改革的重点是转变政府的职能，由主导、管制经济活动的政府转变为向社会提供公共产品和服务的政府。

现代社会是一个多元的利益结构，改革的成果应使大多数人获利，同时兼顾少数人的利益，使改革的成本可以承受，改革的风险可以控制。对于特殊利益集团，政治家的改革意愿和决心、社会精英的责任和民众的呼声都是至关重要的。

五、改革的目标与重点

通过政府职能转换，实现增长模式转变。

从政府主导的发展模式中脱嵌。建立一个以供求关系为基础的价格体系，让市场机制充分发挥配置资源的基础性功能，让企业成为经济增长和创新的主体。

增强政府公共财政的供给和配置。建立一个以公共服务均等化为目标的公共财政体制，提供公平、公正的创业、就业、社保和收入分配体系，创造良好的生态环境，以改善经济和社会发展中的公平和公正。

六、改革的议程和方案

改革的议程是一组配套的整体方案，包括重点领域、次序安排、成本和风险控制、相关的政策工具的选择、路线图和时间表。改革的中期（5年）议程和方案，在政策层面上尚存不同的认识和争议，在技术层面上还需进一步论证，但主流的意见已经形成。此轮改革的启动应包括以下 8 个领域：价格、财政、税收、金融、行政审批体制、国企、城镇化和环境保护。

价格：主要是资源和能源价格，包括油、气、煤、电和部分矿产品。放松和解除管制，形成市场供求决定的均衡价格，以反映资源、能源的稀缺，扼制资源的浪费和过度消耗。

财政：建立全口径财政预算和国家资产负债表，着眼全民的长期福祉，合理控制债务，有效运用资产，保证财政的可持续性。调整中央与地方两级财政的收入税种和分配比例及支出责任。加大公共产品，特别是社保、医保、教育、住房等反映民生等方面的支出在财政支出中的比重，目前这四个方面的支出仅占财政支出的35%，远低于同等人均收入国家水平。允许具备资格的地方政府进入债券市场，同时规范地方财政的基金性收入（主要是土地收入）和支出，目前政府基金性收入已占政府公共财政收入的32%。清理地方政府融资平台和城投债，这两项未偿付债务额分别为9.3万亿元和2.5万亿元。

税收：完成服务业从营业税向增值税的转变。推出房产税、社保税、碳排放税等，提高资源税税率。进一步降低企业和个人税费负担，将宏观税负（约35%）降至接近中上收入国家平均水平。对需要扶持和鼓励的产业和中小企业实施结构性减税。

金融：推进、完成利率和汇率的市场化，进一步开放资本市场，继续推进人民币国际贸易结算和人民币离岸市场。鼓励金融创新，加强金融监管，特别是对“影子银行”的监管，据保守估计，其未偿付贷款总额为2万亿~3万亿元。改革资本市场企业融资和新产品的审批制度，增强央行货币政策独立性。

行政审批体制：改革的目标不是减少审批数额，而是根据行业特征划分自然垄断、管制、非管制（自由进入）等类别，并采取不同的管理方式。

国企：通过股份制改造和减持实施国企的民营化，使国有资本的配置有利于公共产品的供给，有利于创造一个公平竞争的市场环境。

城镇化：解决户口问题，解决“半城镇化农民工”（约占1/3）的状况，使进入城市的农民享受同等的公共服务。城市建设、公共产品的供给和产业规划应充分考虑农民进入城市的就业、社保、医保、居住和子女教育。城市产业结构应突出具有优势的产业，形成专业化分工和配套的产业链，避免同构或向高端服务业、重化工的过度倾斜。

环境保护：将生态和环境保护作为经济发展、社会进步的目标和约束条件。在产业规划中，控制煤炭、汽车等对空气污染有重大影响产业的发展速度和规模。大力推进减排，促进清洁能源的使用，开发新能源。

七、经济发展与政治体制改革

“新时期”不是单纯的经济增长的阶段特征，更为重要的是，它是中国政治体制改革和社会转型的关键时期。经济的增长可以促进，但不会自发导致社会的进步和政体的民主化进程。反之，一个良好的民主、法治政体是经济繁荣、社会公平公正的决定因素。

真正坚持如下 4 个基本理念：

（1）科学发展观。将经济发展的主要目标从规模、速度转向质量、效益和社会公平公正。

（2）依法治国。将“维稳”的社会治理方针转变为通过法治、公民社会保障人的权利、规范人的行为。

（3）执政为民，惩治腐败。建立对公权有约束、监督和制衡的制度。

（4）和谐社会。将传统意识形态主导的政策转变为现代社会自由、多元包容政策。

问：改革如何应对既得利益集团的阻力？

答：最终突破利益集团，取决于社会民众和精英的话语的力量，它会影响政治家。当然也可能会出现一些有政治远见的、有政治魄力的、敢于做政治决定的政治家，这个历史上都发生过，所以这两种肯定都存在。

问：现在是不是应该重建体改委来推动下一步的改革？

答：我们提到过这个建议，我们希望有一个超越利益部门的机构做这个事，这个机构有一定的开放性，能够汇聚社会资源。当年其实也是很多体制内、体制外的人都被吸收进去，意见被吸收进去。

问：您建议征房地产税，它的合法性在哪里？

答：房地产税应该征，合法性要通过人大来做。这应该是有程序的，不宜试点，税这么大，怎么可以试点呢？该做就做。

问：您认为中国的计划生育政策是不是到了立刻需要调的地步？

答：已经晚了，现在做的事要15年甚至20年以后才生效，这个早就该调整了。中国人口将来要急剧下降的，中国现在的测算最高就14亿，在2050年变成9亿多这样往下掉，都剩下老头儿还有老太太。

（2013年6月27日）

第59期陆家嘴金融家沙龙

防范及化解地方政府债务危机的国际经验

刘琍琍

ⓒ国际复兴开发银行（IBRD）/世界银行

刘琍琍，毕业于美国密歇根大学，获该校经济学博士学位，担任世界银行“地方财政和政府间财政关系全球课题组”的负责人和首席经济学家、世界银行“分权化与地方经济主题群组”联席主席。2004—2012年曾担任世界银行经济政策与债务局地方政府公共财政课题负责人，其领导的世界银行“地方政府财政全球经验”项目，研究范围覆盖包括我国在内的20多个国家。

近年来，中国地方债务增长快，引起了社会各界的普遍关注，然而，地方政府的债务问题并非中国所独有，世界上很多国家都面临着类似的挑战。

一、地方政府债务问题

地方政府的债务问题并非中国所独有，世界上很多国家都面临着挑战。5月份我刚去了波兰，帮助波兰财政部建立有效的地方政府中期财政框架。地方的定义是省和州，或者是市级政府、区级政府、县级政府和乡村政府，还有地方政府创建的一些公共机构，或者企业。在波兰，地方政府也运营公共医院。从国际来看，地方政府在整个政府债务里面的比例逐渐增长。在巴西、印度，地方政府的债务占公共债的30%～40%。东欧一些国家，地方政府的债务在总公共债务中的比例还是比较小的，但是增长速度比较快，波兰在2000年的时候地方政府债务占国内总产值的1.2%，2010年的时候就占到了4.2%。地方政府债务的定义不包括市政公司的债务，如果加进去这个比例会更高。地方政府投资占公共投资50%以上的国家也有很多，像玻利维亚、捷克、印度尼西亚，发达国家包括美国、德国、法国、加拿大、日本、意大利等。

二、地方政府债务问题的主要原因

造成地方政府债务增长有三个主要原因：一是权力下放给了地方政府一定的支出责任、税收的权力以及举债的资格。二是发展中国家城市化的速度很快，巨大的基础设施建设有融资的需求，贷款可以使地方政府迅速获得大量的资本投资收益，而不用等待当期经常性收入，像税收和转移支付性收入，积累了足够的储蓄之后再进行投资。基础设施建设造福子孙后代，他们应该承担部分成本，地方政府使用债务为基础设施融资促进代际公平，因为债务的还本付息可以与资产的经济寿命相一致。如果资产寿命是30年的话，在美国就可以发30年的债务，使用资产的人可以在使用过程中交使用费，这个费用可以用来还本和付息。三是发展中国家的地方政府债务市场在经历一个显著的转变，债券开始和传统的银行贷款竞争。另外，经济危机促进了债券发展，很多国家的地方政府已经开始使用债券作为融资的工具。有债务就有破产的风险，地方政府如不遵循可持续的财政政策，可能会危及偿还债务能力，还有公共服务能力，也会危及金融体系的安全，并可能危及国家的国际信誉，以及整体宏观经济的稳定性。很多情况下，中央政府会受到拖累。

几个主要的新兴国家在20世纪90年代都经历了地方政府的债务危机。巴西在20世纪80年代和90年代经历了三次地方政府债务危机；印度在20世纪90年代末到21世纪初，地方政府的财政压力非常大，财政赤字增加，债务增加。

地方政府的债务并不仅仅存在于发展中国家。以美国为例，1842年美国有八个州和佛罗里达属地拖欠债务，另有三个州面临严重的财务危机。现在的地方债务拖欠很少，破产率跟公司相比太小了，但是也有些比较著名的事件：1975年纽约市的财政危机，1983年华盛顿州公共电力供给系统债券拖欠20多亿美元，1994年加利福尼亚橙县破产。橙县是一个非常富裕的地区，但是他们用了很多的金融衍生品，把养老的资金用在衍生品的投资，结果破产了，最终到美国联邦法院申请破产。

我们的研究中综合了20多个国家的经验，总结后发现财政压力的债务危机发生的原因非常相同，支出过大，收入过小，并且主要存在以下原因：一是无管制借款的迅速增长。比如，俄罗斯在20世纪90年代刚放权的时候，对债务的管制没有限制，法国在1982年开始放权，对地方债务没有管制，匈牙利也是这样。二是地方政府借债弥补当前赤字，公共财政里面说借债可以，但是一定要是公益性的资本投资。上述匈牙利、俄罗斯有些地方政府借债，均用来弥补当前赤字。三是补贴支出的增加。比如，有的城市交通补助增长得非常快，平均每年增加15%，5年就翻一倍。四是中央政府的担保，有些国家，银行没有限制地借款，给政府借款的都是一些国家银行。五是外国借债没有限制。比如，巴西在20世纪80年代的时候限制很松，俄罗斯在20世纪90年代初期的时候，一些地方政府向外国发债。

即使借债很谨慎，但是债务结构不合理，也会引发问题。墨西哥州政府在20世纪90年代中期的时候，整个债务结构很脆弱，期限基本上平均是6.6年，利率是可变的。很多地方政府债务危机都跟宏观经济危机有关，比如巴西地方政府的三次债务危机，俄罗斯20世纪90年代后期的宏观危机，匈牙利、哥伦比亚、墨西哥20世纪90年代中期的宏观危机，还有美国1842年的州政府债务危机，基本都是宏观经济下滑暴露了地方政府财政的脆弱程度。

地方政府除了正式借款，还有各种各样的隐形债务。例如，养老金负债就是隐形的债务，特别是公务人员的年龄老化之后。美国有些州和市正在进行很多养老金方面的改革。公务员制度在印度一些州，还有巴西也存在养老金负债的挑战。此外，也包括对亏损企业进行担保，比如印度一些州供电系统属于政府，但是它一直亏损，自己不可能到市场上举债，州政府给提供担保。在波兰一些城市，地方政府的公共医院如果有亏损的话，就是地方政府的责任和债务。

PPP（公司合作伙伴）也可能带来隐形负债。政府和私人企业进行合作，存在风险分担问题，这里就可能带来隐形负债。结构性产品也是隐形负债，地方政府用结构性产品一定要非常谨慎。美国的地方政府很少用衍生品，法国的地方政府和意大利的地方政府用衍生品的问题较大。此外，如果中央政府把财政空间都占满了，给地方政府的空间就很小，地方政府就可能通过创办公司来举债。

金融风暴对地方政府的影响很深，很多地方政府都是靠转移支付，经济下滑以后，支付额马上就下降了。此外，现金流动性开始萎缩，导致了融资成本的增加。

三、地方政府债务与改革

我们刚刚已经讲了很多危机的问题，比如，美国1842年州债危机，巴西也发生过三次地方政府债务危机。危机不是坏事，危机可以促进改革，所以这些国家利用危机的机会进行改革，发展中国家20世纪90年代中后期开始实施地方政府借款框架和债务重组机制的改革。美国在19世纪40年代就是一个发展中国家，在发展当中有很多阵痛，里面有很多改革经验，其实它的改革方式跟中国有点像，不是一次性的改革，而是改一次发现不行再去改，现在的机制非常好，但这个机制并不是150年前就已经存在了，而是经历很多探索形成的。通常情况下，这些财政和债务的改革与更广泛的改革同步发展，这是一个逐渐的市场化过程，逐渐增加调节力度。此外，公共财政的改革包括中央转移支付收入的改革、税收的改革、支出方面的改革，还有就是中期框架的透明性，也是一个重要的发展趋势。

四、解决地方债务问题的难点

我们发现改革过程中存在三大难题：第一大难题是居民的寿命比政府官员的执政期间要长，政府官员有可能先大量借债，再让下任政府负责。第二个难题是搭便车，政府为了争取选票，讨好选民，而采取一些不持续的财政政策。第三个难题是道德风险。如果我是借债人，预期联邦政府以后会解救我，银行认为地方政府不还，联邦政府会还。借债人和债权人没有责任心，就有道德风险。

这是三大很难解决的问题。地方政府债务重组要设立一个框架，框架设计最终需要解决在一个多层次的政府体系中对地方政府的财政激励难题。一个健全的框架应该降低地方政府违约的道德风险，阻止搭便车，让所有地方政府追求可持续的财政政策，并解决地方政府官员短期任职所带来的问题，不可持续的财政政策对后代的影响是最大的。

五、地方政府债务重组的关键设计问题

要妥善解决四个设计的难题。第一，如何平衡债权人的合同权利与地

方政府破产的情况下维持公共服务之间的紧张关系。第二，在解决破产时，如何界定各级政府部门应该担当的角色。第三，如何开发一个解决债务的整体框架，而不是讨价还价的框架。第四，选择什么样的道路，在司法、行政和混合的方法之间选择。历史、宪法、经济背景和改革的切入点，都影响着每个国家的框架设计。

第一个设计难题是如何平衡债权人的权利和地方政府需要维护的公共服务。地方政府的破产和企业破产不一样，因为地方政府有公共服务的责任。企业的资产可以拍卖，但是现在地方政府提供的服务具有公益性，债权人不仅是一个银行，它代表了储户，还代表了选民的一部分，政府财政投资者来源于养老金的基金、保险基金，它们代表了老年人和储户的利益，政府代表选民，代表小孩、老人，这个之间很难平衡。此外，公司破产之后，所有的资产都可以被抵押，地方政府破产之后，国家资产可以拍卖吗？警察和学校都有公共服务的作用。

第二个设计难题是在破产时如何界定各级政府部门应该担当的角色。在破产的时候，财政调整需要艰难的政治选择，一是减少支出，二是增加税收。在联邦制国家，比如说美国加利福尼亚财政情况不好，美国联邦政府没有权利要求加州增加收入，因为两权分立，联邦政府没有权利对州政府发布命令。此外，司法部门也无权强求地方政府缩减开支。

第三个设计难题是如何开发一个解决债务的整体框架，而不是讨价还价的框架。不仅债权人和债务人之间有冲突，债权人之间也有利益冲突。例如，有各种各样不同等级的债券，每个债券持有人都希望获得最大的利益，如果大部分债权人和地方政府达成债务重组的协议，但是有的债权人不愿意，就会变成债务重组当中的钉子户，这在美国大萧条时期非常普遍。当时将近5000个地方政府破产，每个地方政府都有很多债权人，大家互相进行讨价还价。美国议会1937年通过了美国破产法的第九章，规定在特定条件下，即使有些债权人反对债务重组也可以通过。随着地方政府债券市场的发展，债务问题涉及数以千计的债权人，集体重组框架就变得越来越重要。通过集体重组框架平衡这些互相竞争的利益，优化债务解决方法。

第四个设计难题是选择什么样的道路，也就是在司法、行政和混合的方法之间选择。司法途径起主导作用的优点是可以缓解政治压力，但是对地方政府财政调整的能力有限。如果由最高一级政府来进行债务调解，影响力可能更大。

六、国家政府主导的地方政府债务重组

巴西、印度、墨西哥这三个国家由国家政府主导的地方政府债务重组起源很不一样，巴西和墨西哥在 20 世纪八九十年代宏观环境有很大的波动，印度 20 世纪 90 年代后期尽管债务方面管理不好，但是汇率和货币政策管理都非常成功，所以没有很大的利率浮动。此外，这三个国家的地方债务也不同，印度是长期的固定利率，墨西哥都是中短期的浮动利率，印度和墨西哥的地方债务都是国内债务，巴西政府在 20 世纪 80 年代的债务很多都是外债，受汇率的影响很大，所以各个国家的情况不一样。

解决方案也不一样。巴西进行了三次地方政府债务组合，第一次在 1989 年，联邦政府接手的债务占 GDP 的 2%，到 1993 年的时候大概是 5% ~7%，到 1997 年达到了 11%，联邦政府的负担越来越大，占 GDP 的比例越来越高。为此，巴西第三次债务组合对地方财政进行了意义深远的改革。原来的两次债务组合解决方案有很多道德风险，联邦政府接手之后，地方政府什么责任都没有。第三次债务组合联邦政府要求地方政府进行改革，关键财政和债务指标必须有比例限制。此外，州的公有银行和企业要私有化。

印度走了不同的道路。因为印度地方政府的债务基本上都是固定利率

和长期利率，因此危机虽严重但不急切，联邦政府首先建立自己的财政责任和管理法，各州进行相似的立法改革，联邦才解决债务结构问题，从而刺激各州进行改革。

当时墨西哥的地方政府债务是中短期的，而且是浮动利率，墨西哥联邦政府在20世纪90年代后期把地方政府债务全部拿过来，转成长期低成本的利率，可以通过几十年逐步还清，随后确定了新的借款框架，增加市场力量监控地方债务。联邦政府要求各州进行信用评级向银行借款，如银行给没有评级的地方政府贷款，则要储备125%的准备金。因此，银行有动力通过市场机制要求各州进行信用评级。

虽然各国债务起源不同，解决方法也不一样，但是有共同的经验教训：一是债务组合一定要注重激励效应；二是以统一的规则为基础可以减少讨价还价，要一个清楚透明的统一规则；三是要硬预算，防止道德风险。

七、地方政府破产体系

哥伦比亚、法国、匈牙利和美国都为破产流程开发了一个框架来化解地方政府债务，框架在不同的国家有所不同，匈牙利和美国倾向使用司法程序，哥伦比亚和法国使用行政程序。为什么要建立这个系统呢？这个系统主要是化解债权人和债务人之间的矛盾，没有人能得到百分之百的利益，大家都要付出代价。

哥伦比亚20世纪90年代后期受经济衰退的影响，地方政府承受较大的债务压力，主要有以下因素：一是银行借款监管不力；二是过度依赖转移支付，为经常性支出而借款，借款为了弥补赤字，而不是为了投资。地方政府的财政压力引发了财政改革，颁布实施一系列法律条文来规范地方政府的行为。例如，专门建立了地方政府破产程序，根据债务的优先结构，由企业监管局这样的政府机构来评估和协调地方政府债权诉讼，调整债务结构。哥伦比亚为什么没用法院呢？这是有历史原因的。企业监管局是20世纪30年代创立的，来调整企业和政府债务，因为它的法院系统比较薄弱。哥伦比亚通过限制借贷、促进财政透明度、加强预算编制过程等使地方政府的债务比较健康。

法国的地方政府不能破产，在20世纪80年代初期，地方政府不断积累债务，也没有任何监管。为应对债务危机，法国建立了一套体系，地方政府财政情况良好的话，有相对自由；如果财政情况不好，又没有提出平衡预算，或者赤字超过了营业收入的5%，或者没有把一些刚性的支付纳入预算里，中央政府的机构就会介入。

匈牙利走的是另外一条道路。在20世纪90年代初期，法律赋予地方政府极大的自由，地方政府用长期借贷来弥补短期的赤字。90年代中期，随着宏观经济恶化，财政开始出现危机，一些地方政府开始游说中央政府，中央开了解救的先河，更多的地方政府开始讨价还价。1996年，议会通过市政债务调整法，包含正式的破产机制，而不鼓励非正式的重组谈判。这是一个正式的破产机制，非常透明，有可预见性，法院在整个过程中起到了核心作用。法院可以任命独立的委员会，非常透明，道德风险很小。问题是什么呢？很多双边谈判不进法院，对小的债权人就有负面影响。改革的方向需要把非正式的谈判过程透明化。

在美国，市政府向联邦政府的法院申请破产，需满足1937年破产法第九章的先决条件，必须事先得到州政府的评议。例如，加州一些地方政府要到联邦政府法院呼救的话，州政府必须同意才行。不是每个州政府都准许其地方政府到联邦政府申请债务重组，大概有一半的州政府不愿意它们的地方政府到联邦政府去。联邦政府的法院权力有限，对美国地方政府借款的管制大部分来源于州的法律和州的行政体系。

八、地方政府债务市场发展

债务市场具有竞争性，有助于举债者以最低的成本借贷，并保持持续的借贷。在这里公平竞争很重要，市政的银行和开发银行如果是垄断的话，将不利于竞争，所以南非对这个问题非常注重。20 世纪 90 年代后期，当时南非的开发银行变成对地方政府借贷的唯一银行，所有的社会市政资本全部退出了地方资金市场，南非的财政部非常担心这个问题，于是进行了一系列立法改革，以便鼓励市场的竞争。现在发展中国家的改革难度很大。很多发展中国家银行贷款在地方政府的信贷市场中仍然占主导地位，如菲律宾、印度。在有些国家，公共金融机构仍占主导地位，东欧一些国家私人资本和私人银行已经进入地方政府的信贷活动，但是在巴西、印度、俄罗斯，基本还是以公共银行贷款持续主导信贷供给。此外，证券市场小，缺乏流动性和二级市场，也是很大的挑战。

地方债务市场发展从历史上来看有两个模式：一个是西欧模式，另一个是美国模式。在西欧模式下，银行贷款是主要的资金来源，美国主要依赖证券市场。美国地方政府证券市场有 150 多年的发展历史，年发行量是 4000 亿美元，整个债务约占 GDP 的 20%，个人投资者是地方政府债券最大持有人，然后是公募基金、银行信托、保险公司，还有公司或企业。

最近 10 年，美国之外的地方政府债券市场有所发展。根据我们收集的数据，2000 年到 2010 年第一季度，不包括美国，债券总发行量大概是 3000 亿美元（见下图），比美国一个国家的发行量还要小，这个数据包括 50 多个国家的地方政府债券发行量，包括德国、日本、西班牙、印度和中国，但是有不断增加的趋势。2010 年只统计了第一季度，如果把第二、第三、第四季度算上去的话，总量肯定比 2009 年要高，可见各个国家还是希望发展地方债券市场的。

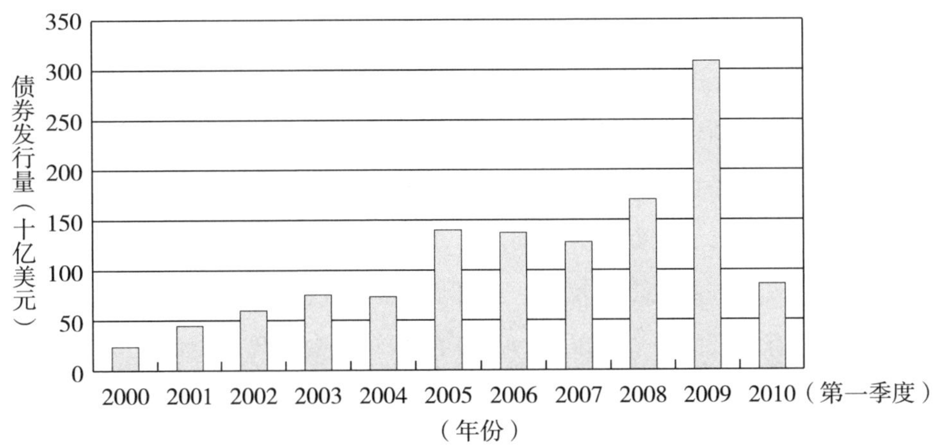

全球地方政府债券发行（不包括美国）

资料来源：刘琍琍，Canuto. 地方政府债务融资与全球金融危机［J］. 世界银行，2010.

数据来源：DCM Analytics.

菲律宾地方政府的总债务占 GDP 的比例很低。地方政府向银行借款的话，要把转移收入作为借款的抵押，如果无法还债，就用转移支付先还，剩下的余额留给地方政府，所以违约风险非常小，基本上没有风险。转移支付可以直接还债，所以缺少正式的破产制度并不是主要挑战，投资者绝对不用担心地方政府不还债。跟中国完全相反，菲律宾地方政府的投资欲望很小，甚至没有投资的欲望。此外，地方政府的债券供给没什么竞争力，债券募集很单薄，最近菲律宾开始一些改革试点，鼓励地方政府与私人部门的信贷市场加强合作，发展多元化的信贷市场。

20 世纪 90 年代，俄罗斯联邦的地方债务市场开始发展，联邦政府授权和地方政治分权促进了债务工具的发展，但是地方政府缺乏管理地方债务风险的经验，90 年代后期宏观经济急剧恶化以后，89 个地区政府中有 57 个地区违约。随着 2001—2008 年宏观经济的改善，俄罗斯进行了很多立法改革，包括税法改革、预算法改革等。预算法规定了地方债务发行主要指标的定量限制，也限制了对外借债、担保类型和债务工具的结构。到 2007 年，地方债务的负债率很低。全球金融危机打击了俄罗斯的公共财政，对不同地方政府的影响差别很大，但是并没有发生区域性的债务危机。2011 年以后，随着油价和俄罗斯经济的逐步复苏，地方财政状况有所改善。但是俄罗斯债务市场还是有很多挑战，一是大部分的地方政府借贷期限只是一年，还都是浮动利率，再融资的风险很高；二是银行融资由少数的公共银行主导，全面核算很弱。

南非在改革方面做得比较好，在种族隔离时代之后，南非需要大量的基础建设，有巨大的投资需求。1998 年的时候，中央政府出台了一个关于地方政府的白皮书，强调一定要引入私人资本的资金，满足城市基础设施的要求。2003 年制定了具有里程碑意义的市政财务和管理的方案。作为财务管理的一部分，它规定了全面的事前借债规则，也建立了破产机制。南非花了两年的时间来开发基本政策框架，又花了一年时间获内阁批准，再用两年时间对宪法修改，才出台了新的管理法案。现在很多私人资本反映，这个立法对吸引私人资本、对地方政府借债产生了重要的影响，但是也存在很多挑战：一是同很多发展中国家一样，缺乏充分发展的二级市场；二是基础建设需要长期贷款，但是目前的融资一般期限就是七八年；三是希望更多的私人资本能进入市场。

美国有世界上最大的地方政府债务市场。在 20 世纪 30 年代大萧条和罗斯福新政之前，联邦政府除了战争引起的州的债务之外，基本上对于州和地方政府融资和财政收入很少介入，州财政基本上是独立的。在 1934 年之后，联邦政府开始大幅度地拨款转移支付，联邦政府财政、州政府财政、地方政府财政开始紧密地交织在一起。总体上来说，美国有 50 个体制，因为它有 50 个州，每个州的管理都不一样，不存在统一的管理体制。州以下的政府在法律上是没有主权的，由各州的法律创建，并适应各州的法律，州以下的政府的自主性范围和程度是由州政府确定的。地方政府为基础建设融资的借款非常大，但违约率很低，大部分州都对地方政府设置限制借款程序——如何借钱，怎么借。借债要与收入相关联，如果要建水厂，水费收入要专门为了收益债券还本付息，美国 2/3 的债券市场都是收益债券。

美国的主要特征是重视事前的规则，事前规则制定得非常精确。50 个州里面有 23 个政府禁止地方政府向联邦法院提交第九章的申请，只有 1/3 的州有监控地方政府的制度，不到 20% 的州有积极的破产干预政策，如果地方政府破产了，80% 的州不会有什么行动。美国的很多州缺乏破产行动举措，并不意味着地方政府的举债和还本付息不受社会的监控。美国的市场监控能力很强，它显示的是事前的监控制度。例如，马里兰要发债，州的立法规定发债总量要和马里兰的个人收入相比，还息也和收入有一个比例。选民和政府之间的相互联系，对限制政府举债发挥了很关键的作用，如果马里兰政府要发债，财政预算讨论是公开的，选民都可以参加。

美国体现了债权人利益的重要性，这与贷款人认为反正中央政府会解救是完全不一样的。地方政府举债框架产生的效果并不是地方政府疯狂借债，而是私人资本市场在两方面的能力继续提高：一是私人资本市场对地方政府信用的评估能力非常强；二是可以告知潜在借款人地方政府发债人偿还债务的实际能力是多少，然后债权人进行非常透明的分析。此外，各个州对地方政府倾向使用统一规范，可以避免道德风险。

最后，我们总结一下地方政府债券发展的四个条件：一是稳定的政治和宏观框架；二是事前监管系统和事后破产机制；三是债券市场的管理法规；四是地方政府自身债务管理能力。

（2013 年 7 月 3 日）

参考文献

[1] LILI LIU, OTAVIANO CANUTO. Until Debt Do Us Part: Subnational Debt, Insolvency and Markets[M]. Washington, D. C.: World Bank, 2013.

[2]LILI LIU. Subnational Debt Finance and Risk Management:International Experience[M]. Beijing: Economic Science Press: World Bank,2011.

[3]LILI LIU,BAOYUN QIAO. Restructuring of Legacy Debt for Financing Rural Schools in China. Chapter 2 in Until Debt Do Us Part-Subnational Debt,Insolvency, and Markets[M]. ed. Canuto and Liu. Washington, D. C. : World Bank, 2013.

[4]LILI LIU,AZUL DEL VILLAR,EDGARDO MOSQUEIRA,et al. Colombia: Subnational Insolvency Framework. Chapter 5 in Until Debt Do Us Part:Subnational Debt, Insolvency, and Markets[M]. ed. Canuto and Liu. Washington, D. C. : World Bank, 2013.

[5]LILI LIU,NORBERT GAILLARD,MICHAEL WAIBEL. France Subnational Insolvency Framework. Chapter 6 in Until Debt Do Us Part:Subnational Debt,Insolvency, and Markets[M]. ed. Canuto and Liu. Washington, D. C. : World Bank, 2013.

[6]LILI LIU,JAMES LEIGLAND. When Subnational Debt Issuers Default: The Case of the Washington Public Power Supply System. Chapter 9 in Until Debt Do Us Part:Subnational Debt, Insolvency, and Markets[M]. ed. Canuto and Liu. Washington,D. C. : World Bank,2013.

[7]LILI LIU,BAOYUN QIAO. Transition from Direct Central Government Onlending to Subnational Market Access in China. Chapter 10 in Until Debt Do Us Part:Subnational Debt, Insolvency, and Markets[M]. ed. Canuto and Liu. Washington,D. C. : World Bank,2013.

[8]LILI LIU,GILBERTO LLANTO,JOHN PETERSEN. The Philippines: Recent Developments in the Subnational Government Debt Markets. Chapter 11 in Until Debt Do Us Part:Subnational Debt, Insolvency, and Markets[M]. ed. Canuto and Liu. Washington,D. C. : World Bank,2013.

[9] LILI LIU, KENNETH BROWN, TEBOGO MOTSOANE. South Africa: Leveraging Private Financing for Infrastructure. Chapter 13 in Until Debt Do Us Part-Subnational Debt, Insolvency, and Markets[M]. ed. Canuto and Liu. Washington, D. C.: World Bank, 2013.

[10] LILI LIU, XIAOWEI TIAN, JOHN WALLIS. Caveat Creditor: State Systems of Local Government Borrowing in the United States. Chapter 14 in Until Debt Do Us Part-Subnational Debt, Insolvency, and Markets[M]. ed. Canuto and Liu. Washington, D. C.: World Bank, 2013.

[11] LILI LIU, EMILIA SKROK. Poland: Managing Subnational Debt Sustainability. Washington, D. C.: World Bank, 2013.

[12] LILI LIU, JUAN PRADELI. Financing Infrastructure and Monitoring Fiscal Risks at Subnational Level[J]. World Bank Policy Research Working Paper #6069. Washington, D. C.: World Bank, 2012.

[13] LILI LIU, STEVEN WEBB. Law for Fiscal Responsibility for Subnational Discipline: International Experience[J]. World Bank Policy Research Working Paper #5587. Washington, D. C.: World Bank, 2011.

[14] LILI LIU, OTAVIANO CANUTO. Subnational Debt Financing and the Global Financial Crisis[J/OL]. Economic Premise, Poverty Reduction and Economic Management Network. Washington, D. C.: World Bank, 2010. http://www.ppiaf.org/sites/ppiaf.org/files/publication/EP13.pdf.

[15] LILI LIU, OTAVIANO CANUTO. Subnational Debt Finance: Make it Sustainable. In The Day After Tomorrow: A Handbook on the Future of Economic Policy in the Developing World[M]. ed. Otaviano Canuto and Marcelo Giugale. Washington, D. C.: World Bank, 2010.

[16] LILI LIU, MICHAEL WAIBEL. Managing Subnational Credit and Default Risks. World Bank Policy Research Working Paper #5362, and Chapter 11

in Sovereign Debt and the Financial Crisis: Will This Time Be Different? [M]. ed. Braga and Vincelette. Washington, D. C. : World Bank, 2010.

[17] LILI LIU. Strengthening Subnational Debt Financing and Managing Risks[J]. Review of Economic Research, 46 F-9. Beijing, 2010.

[18] LILI LIU, WAIBEL. Subnational Insolvency: Cross-Country Experiences. In Does Decentralization Enhance Service Delivery and Poverty Reduction? [M]. ed. Ehtisham Ahmad and Giorgio Brosio. Edward Elgar Publishing Limited, 2009.

[19] LILI LIU, MICHAEL WAIBEL. Subnational Borrowing, Insolvency and Regulations. In Macro Federalism and Local Finance [M]. ed. Anwar Shah. Washington, D. C. : World Bank, 2009.

[20] LILI LIU, KIM SONG TAN. Subnational Credit Ratings: A Comparative Review[J]. World Bank Policy Research Working Paper #5013. Washington, D. C. : World Bank, 2008.

[21] LILI LIU. Creating a Regulatory Framework for Managing Subnational Borrowing. In Public Finance in China: Reform and Growth for a Harmonious Society[M]. ed. Jiwei Lou and Shuilin Wang, 2008.

[22] LILI LIU, ELENA IANCHOVICHINA, MOHAN NAGARAJAN. Subnational Fiscal Sustainability Analysis: What Can We Learn from Tamil Nadu? [J]. Economic and Political Weekly, Vol XLII, No. 52, December, 2006.

[23] LILI LIU, ELENA IANCHOVICHINA. Subnational Fiscal Sustainability Analysis[J]. PREM Note 117. Washington, D. C. : World Bank, 2008.

第 61 期陆家嘴金融家沙龙

金融可以颠覆历史

王　巍

王巍，1958 年出生，汉族，辽宁财经学院（现东北财经大学）基建 1977 级毕业生，美国福特汉姆大学经济学博士，著名并购专家，中国社会科学院世界经济与政治研究所全球并购研究中心学术委员、秘书长。目前还担任天津财经大学亚洲商学院执行院长。

除了金融界的身份之外，他还通过中国金融博物馆这样一个平台，推动金融观念的启蒙。

金融是经济的命脉，牵一发而动全身，国家兴衰反映到金融里，金融又反作用于国家的兴衰。从金融史的角度看世界史、国家史、民族史，从金融规律的角度看历史得失，看似铜臭味十足，其实是抓住了问题的关键，里面包含了哲理、经济规律和文化宿命，新鲜、有趣，富有穿透力。微言大义，甘之如饴。

一、关于金融博物馆

2008 年，次贷危机刚开始，我和天津市市长去美国，碰巧到华尔街 48 号美国金融博物馆，非常震撼，一个小小的博物馆，半个小时左右差不多就把美国 200 年的金融历史介绍完全，栩栩如生。我们当时就想自己也搞一个。我发现现在搞金融的都是年轻人，都爱挣钱，没有兴趣去关注历史，搞历史的人对金融又完全没有了解。在整个中国历史上，对商人的资料几乎没有留存，因为在整个中国的文化里，商人是最底层的。我为了办博物馆，就不断学习，在找专家的过程中，自己看了二三十本书，中文的、日文的、英文的，大体上感觉到有了一定的基础准备以后，我产生了强烈的兴趣，最后我决定自己来做。我们学习考察了30多个博物馆，拍了上万张照片。因为没有人相信，没有人愿意协助我，最后请了一些大学生志愿者。这样终于在2009年6月在天津做成了第一个金融博物馆，第二个在苏州，第三个在北京。

二、2013年的金融自由化

在办这个博物馆的过程中，有一些新的想法，就是今天提的金融的启蒙。2013年最主要的变化是利率自由化，金融互联网深刻的背景是利率自由化。从历史背景看，美国1980年开始金融自由化，美国1980年之前跟中国一样严格监管利率，里根上台之后彻底进行了利率自由化。利率自由化导致美国经济进入了十年的大洗牌，因为利率自由化最核心的标志是金融产品开始自由定价，所以美国公司净值大洗牌。日本1984年也搞金融自由化，也是取消利率上限，日本叫金融革命。美国和日本两个大国，由于利率自由化才启动了整个崛起，中国正在经历一个深刻的变化。另外，曾成杰之死标志着一个时代过去了，以后不再可能有非法集资了，利率自由化开始了。再加上现在开始取消公司注册资本限制，虚假注资罪和抽逃资本金罪没了，这个变化对整个中国创业家和金融家有重大影响。发生在2013年的还有互联网金融和光大银行对冲事件，这些事件在一个时点上不太好理解，但是放在历史中，你可能感觉意义不太一样。这就是历史观。谈任何变革我们都要学会历史观，要研究观念。

三、金融启蒙与金融本质

启蒙，英文的原意是照亮、点亮。启蒙运动，不仅是在法国，德国、英国、意大利都有。法国的启蒙已经不是简单的启蒙，它推到了极致，最后产生的效果对思想者有很大的冲击，但是对社会进化是很大的问题。

我大学一毕业开始进入金融圈，1982 年进银行，工作证上是带国徽的，是国家核心机要部门。脑子里被灌输的全是国家命脉、人民的血液、安全性，极其深刻，但金融是不是那样？不是，因为这些要求是非常高的道德约束。从历史上说，金融就是一个计价标准，早期用皮毛、贝壳，现在用电子货币。除了货币之外，人们慢慢发现还有信用，信用也可以定价，可以储藏，我给你一个信用，我帮你一下，你回报一下，这是储藏。为什么我们不拿信用当一回事？之前我们追求“既无外债，又无内债”。而今天的信用，包括交易记录，这些复杂的东西为什么构成了互联网金融，是因为互联网金融不是在第一个层面，互联网金融主要是建立在信用上、大数据上。

过去金融一直在民间，在中国是从袁世凯开始，金融才国家化。袁世凯当直隶总督的时候，在天津做了中国第一个银行，叫作官银号。到了北京当皇帝了，他才统一全国货币，制造“袁大头”。之前据统计有 60 多种货币，各省都有自己的货币，还有西班牙双柱、墨西哥银元、新疆红钱，等等，而最主要的是，老百姓随时可以造币，造币自由。我如果钱多了，可以把银元铸成佛像放在家里，如果缺钱的话，把银佛像化掉，再铸成银元。

互联网金融是用现代文明来打破野蛮封锁。100 多年前，金融本来就是老百姓的，P2P（个人与个人间的小额借贷交易）是底层的，是“屌丝金融”，本来金融就是“屌丝”，几千年来都是“屌丝金融”，突然 100 多年前给官家拿走了，所以金融是从自由到垄断的过程，现在是从垄断再恢复自由，所以不要把金融看得太神秘。一个多月前，北京有一个七八百人的会议，一位传统金融大佬说，金融不应该垄断，金融应该严格监管，互联网金融是有问题的，不可能颠覆，因为这永远是要监管的，是要国家控制的。我觉得像这样根深蒂固的观念，我们也经常会有。我当时举了个例子，30 多年前全中国的饭馆都是国有企业，没有私人饭馆。为什么不让私人开饭馆？现在大家已经忘了那个理由。很简单，我看到一个报告，当时一位领导批示，北京这样的地方，如果私人开餐馆，放了毒药，伤害了外国人，算国际影响。诸位，当年不让开饭馆是因为怕下毒，当时听起来很有道理，今天看来太可笑了。

什么是金融呢？金融解决需求，不断创新。我预测明年能发展，于是我借钱，明年再还，只要他愿意提供给我，这就形成了借贷，这就是创新。这边苹果，那边橘子，互换需要工具，大家暂时拿一张牛皮，贝壳也行，拿石头都行，这都是创新。所以任何满足我需求的，推动定价的，推动交易的，推动储存的，都是一种金融。现在很多 P2P 创业者不懂金融，由于他不懂，他就按需求，货币都被政府垄断了，就在信用上做文章，于是出现互联网金融。金融，第一，是一种创新和理性，是满足生活需求的态度；第二，把这种创新制度化。迈克尔·米尔肯是美国的债券大王，被誉为 20 世纪除了 J. P. 摩根之外的最伟大的金融人物。在他看来金融就两个词：一个是 access，就是渠道，另一个是 cost，就是成本。一旦渠道少或者成本太高，说明这个国家的金融需要改造。

现在讲几个简单的故事。中国人最值得骄傲的是宋代的交子，到现在为止 3 张交子在日本，是 100 年前从中国买走的。宋朝初年，兵荒马乱，天府之国蜀国位于一个自然封闭的区域，正好一个山东人张永被派到那里当太守，他去了之后发现当地缺货币。当时蜀国的货币主要是铁，但是因为战乱，铁越来越少，大家都没有铁，所以很多人没有交易中介物，只能以物易物，造成严重萧条。最后发现商家之间互相欠白条，而且很多大商家的白条可以多次周转。把16户商家弄到一块开个会，造出可以交换的票子——交子，只要盖上官府的章，交子就可以通用了。流通的时候是百分之百抵押，后来发现不需要这些抵押，于是准备金越来越少。交子做得很好以后，浙江商人就开始搞会子，到浙江以后就跟今天一样，迅速地泛滥，背后没有充足的准备金，导致通货膨胀，用了300年以后就完蛋了。元朝的时候也发，最后一任皇帝不知所踪，不断印钞票，根本兑不了钱，于是军队谋反，元朝就毁在通货膨胀上。朱元璋接过来以后，就说中国绝不造纸币，必须有真正的金属货币。中国这300年的货币政策通过马可·波罗传到全世界，各国都很欣赏，最后在中国纸币产生600年之后，荷兰产生了第一张纸币。但是在中国的特定环境下，中央政府太强大，在政治高度集中之下，货币制造权是最危险的。

另外，我们谈谈犹太人的高利贷问题。高利贷，英文是usury，准确的意思是偿债、还本付息、借债还钱，就是这个概念，但是到中国就翻译成了高利贷。利率一旦高，就出现道德评价了，没有人反对借债还钱，但是无不反对高利贷的。usury从基督教教义来说始终是批判，因为人不应当不劳而获，拿钱赚钱是不劳而获。因此，亚里士多德、柏拉图到但丁等人都批判高利贷，莎士比亚写的关于高利贷的著作是《威尼斯商人》。对基督教来说，犹太人是罪恶的，他们不能做任何正当职业。那时候什么叫正当职业？种地，拥有房产，正当经商，都不允许犹太人做。犹太人不能拥有固定产权，逼着他们只能干两件事：一件是收税，西方是弱政府，收税是一个屈辱的行业；另一件就是放贷，结果把这个民族变成一个极具金融智慧的民族。

文艺复兴也是一个错误的翻译词，因为renaissance是全面复兴的意思，并不仅仅是文艺的概念，它是人文复兴，它追求古希腊的政治、文艺和科学等。在欧洲不排斥犹太人的就是佛罗伦萨，所以犹太人从这里开始起家。意大利人阿奎那是一位宗教界的大家，认为应该给风险补偿，这在宗教教义上给了用钱挣钱的空间。风险最早的哲学的思想观念是从阿奎那开始的。

我谈这个是因为我始终认为温州是中国新金融家真正的市场，如果把温州打死了，中国金融就没希望了。所以，我提出了到底是温州救中国还是中国救温州的问题。在明朝时期，温州就出现了永嘉学派，这个学派人在中国学术界很少被提及，因为其始终是一个最早的功利族，要计其功更计其利。他们影响了一代又一代的江浙一带的人，他们是少数派，但是正是他们造就了温州那一带绵延了几百年的“犹太文化区”。温州地下钱庄猖獗，我就跟浙江省省长说，从这个意义上来说，你得说温州好。

四、金融有关的制度：信用和契约

我谈这些小故事是跟大家分享我为什么关心金融史，为什么关心金融启蒙。你如果到金融博物馆可以看到，500 年前意大利所有的银行，banker（银行家）是凳子，为了显示自己是坐商，有信用、稳固，于是开始盖房子、盖楼，所有银行的传统都是从这儿来的。外国人说中国人没信誉，连房子这么永久的东西，都只准备干 20 年就算了，那这个民族能有什么信誉呢？这是有道理的。为什么中国的很多钱庄、票号没有发展成银行呢？很大一部分原因是社会制度。

诺贝尔奖获得者谈过制度经济学，在西方是典型的封建社会，封建社会的核心是契约。我凭什么当你的臣民？除非保护我，我才交税，否则我走了，我换别人当领主，我也给别人干活，所以欧洲国家是在契约关系的基础上建立起来的。国王看着很伟大，但是国民不交税，他只好下台。国民之所以交税，是因为国王得努力干活，帮他们保护家园，这就是契约关系。欧洲不断发生战乱，打仗的结果就是要借钱，要雇军，都是为钱而战，永远讨价还价，欧洲的很多战争都是威胁性打仗。战争的结果是形成了一大批人长期的军事雇佣关系，这就需要融资。一般的钱庄没这个钱，最后政府开始建立银行，英格兰银行、荷兰银行最早建立都是为了发公债，如果雇军胜了就拿赔款，我还钱，是一个完全的战争机制，这就导致凭空创造银行来集聚资本。和平的时候还钱，该付钱的付钱，该付利息的付利息，必须找到可用之处，于是就开始开发农业，开发水渠、纺织业、蒸汽机，工业革命开始。由于资本积聚，需要一批农民想十年、二十年后的事，就是挖矿、开铁路。工业革命是资本积聚，而中国比他们早发达多了，什么都有，但是中国最大的问题是制度问题。

中国有没有封建？有。春秋战国时期是封建的时候，秦朝到清朝叫专制社会，专制社会是不讲契约的，只讲杀人。你不听我的我就杀你，打仗很简单，皇帝欠什么钱呢，我要你出徭役，壮丁给我上，死了就是为国争光，是这样的概念。哪有还钱一说？打仗就出钱，不给钱不行，所以专制社会下不存在长期筹集资本的社会需求，因此就不需要创造金融，不需要创造中央银行，钱庄、票号足矣，需要钱的时候跟你钱庄调 200 万银两，想还就还，不还就相当于奉献金了，不存在契约关系。所以你看着很复杂，其实背景很简单。

五、金融与国家兴衰

对中国冲击最大的是中日战争，为什么呢？当时中国是同光中兴三十年，从 1860 年开始建立总理衙门，李鸿章牵头，就是外交部部长，他做了三十年，每年经济增长 10% 以上，大国崛起，那时候中国还没有尝过日本的败仗，日本的国力跟中国差很多，中国海军力量都比日本强大，中国是当时第四大国。1894 年，中国已经是世界大国了。那时候大清认为大清必胜，日本必败，日本人也认为大清必胜，但是为了大和民族的长期崛起，必须打一仗，激励全国，宁可牺牲一代人，也要日本崛起。结果中国一败涂地，这是完全没想到的。李鸿章主和，但绝大部分大臣都是抵抗派，满朝文武一片骂声，要灭了日本。

败在什么地方呢？当时刘步蟾、邓世昌等都在英国留学，中日双方都在英国留学，而且中国人的成绩都好，辈分比他们高，中国军舰也比他们的强，但是中国没钱。当时中国正好是皇帝亲政的时候，光绪长大，该亲政了，担心慈禧恋权不交政，不得不给慈禧造颐和园，让她养着，让老太太高兴，别干预政府，没钱，挪海军银子，不给不行，中央财政空虚，地方也不给，没办法。中国订的战舰，交了定金，后期拿不出钱来。

而日本也没钱，比中国还穷，但是日本明治维新一个最主要的目的是学习金融，日本开始借钱，内发公债，外发外债，借了一大笔钱，买了20多艘战舰，其中包括吉野号。其实这本是中国计划买来打日本的，我们交了定金，交不起后期的钱了，日本人拿着钱买回去打我们中国。因为日本有钱，虽然是借来的钱，是跟德国借的，而德国怕赔了夫人又折兵，派1000多人看着，不能直接参与打仗，在岸边帮着日本，所以最早的德日联盟是那时候，结果中国一败涂地。败了之后中国才发现，如果我们借了钱，别人会败。当年我们赔款之后割地，后来导致日俄战争，日本起来了。如果中国当年懂债券，可能就不是这样了。为这个事，我还跑到日本国会图书馆查日本当年的借债记录，败了全民承担，胜了战争赔款，果然赚了大钱，1比15，投资1个亿，回报15个亿。最后日本拿这个奠定了金本位，决定了日本的进一步崛起。

红色金融。先解决钱，然后解决枪，所以还是金融起了作用。在共产党和国民党合作的“蜜月”时期，中共搞农民运动，国民党也搞。1922—1924年，在两湖两广，有1000万家加入农会，全中国4亿人，按一家五口人，几乎是代表5000万人，两湖两广所有人都加入农会了，普及率非常高。为什么加入农会呢？革命早期免债就行，加入农会，就拿枪，然后分土地，很容易调动。

六、新金融

美国越战失败后果：经历两次石油价格上涨，伊朗人质事件解救失败，卡特下台，通货膨胀，失业，等等。那个时候正好里根上台，代表了民粹，提出一系列的政策，导致最后出现了迈克尔·米尔肯。他会制造垃圾债券，跟中国债券市场完全不一样。他认为很多的公司不是公司不好，是天使的翅膀坏了，休息就能飞起来。他是犹太人，毕业以后不能进华尔街做蓝筹股，于是专门研究美国没有人炒的债券。公司注册资金1000万美元，给他50万美元，做了六个月之后翻了一倍，又过了六个月又翻了一倍，就变成200万美元了。重新谈判之后，他单独注册了一家公司，赚了钱后搬到加州了。为什么搬到加州呢？纽约和加州有四个小时的时差，纽约开市的时候九点，那时加州是早上五点，因此他的员工必须四点上班，纽约六点下班，加州是两点，但下午两点后员工不能回家，要干活，工作时间延长四个小时。三年之后，他的司机、送盒饭的，在1980年的时候都能赚到1000万美元。赚了钱以后，这些人都相信他，因为确实赚钱了。此后他建了一个迈克尔·米尔肯的pool（共同储金），就是投资组合，他开始制造债券了。凡是跟着迈克尔·米尔肯赚钱的，到20世纪80年代的时候，已经有600亿美元。这时候他变成垃圾债券之王，他随便投什么东西，大家都有信心。

他从交易债券到制造债券，KKR（集团名称）都是他的马仔，KKR要跟他找钱，后来大家起诉他，入狱十年，交5亿美元罚款，但是最后交了2亿美元，终身禁入这个行业。入狱以后发现患了胰腺癌，然后就提前出来，做社区劳动，然后就治疗，在中国待过，在印度做过疗养。

民间自己制造债券，在中国不可能。2013年的金融自由化开始了，在相当大程度上是合法的。这个空当太大了，中国的 P2P 和众筹在美国什么都不是，美国人无法想象，P2P 在中国是赚钱的。

我们再看新金融。最近 50 年人类社会发展了，绝大多数人生活在服务经济，只有 1/4 的人还在解决衣食住行，而 3/4 的人是在为彼此提供服务——信息、电视、电影、网络，以及所有的管理。所以，服务已经变成社会主流了，是新型社会，重资产不值钱了。在新型社会中需要新型的经济结构，这时新金融出现了。最近 30 年来，国际上大的科技企业的第一笔钱都不是从传统银行来的。整个基础从制造业颠覆到服务的时候，我们旧的金融在迅速崩盘，而在我们现在落后的金融体制保护下，传统金融已经成为恐龙，不断吸食着社会的公共养分，不产生效益，这是最危险的。将来大家都不会去银行了，这个变化太大了。现在是制造业被服务业替代，新的金融出现需求，我们要接受 PEMA（并购与基金）培训，现在已经有 3000 人接受培训了。学什么？就三件，PE（私募股权基金）、M&A（并购）、互联网金融，这叫新金融、替代金融。我们所有的金融知识需要重新洗牌，别以为自己是金融专家，懂得金融，你懂的是正在消亡、迅速崩盘的传统金融，新金融时代刚刚开始。新金融的核心是现金流，公司是以人才为中心，不是以执照为中心的。现在谈的叫金融互联网。金融互联网主要是指传统金融向互联网蔓延，以网银为代表，它主要是解决工具这个层面，器用的层面，无非是传统银行做点新事，降低成本，提供便利，这就叫金融互联网。互联网金融在国外不复杂，也正常，就是互联网公司本身做金融生意。这在中国是大问题，中国的金融是高度垄断的，从来不能进入金融界的突然做金融了，这叫革命，这是制度批判，因此很多人很亢奋，因为他参与了一种搏斗。这是一场革命，但这不是金融革命，它只是在金融这方面，因为利率自由化，风云际会，出现这个问题。中国早期所有金融围着货币来转，货币是可以看得见的，可以是大楼、农场、船，这是资本物化，现在什么都没有了，完全靠信用。互联网金融的时代实际是互联网深刻地改造社会的各个领域，不仅仅是金融，只是金融太敏感。现在两个小公司出事跑了，算什么？现在金融里面风险在百姓层面的越多，越能保证整个社会的平衡安全。如果你把百姓层面的风险全消除了，并不意味着安全，这个安全就是炸弹型的，会导致整个系统崩盘。

七、总结

我们希望吴晓灵带头，2014 年在中国推动金融启蒙。我们的金融基础不牢靠，金融知识太差，要把金融教育落实到中学教育、小学教育，我们只有大学才讲，晚了。我认为金融的阴谋论在中国盛行，有两个原因：一个是无知和恐惧；另一个是懒惰和推诿，所有复杂的事，不愿意动脑子。启发民智很累，调动民意很容易。有想法才有思想，才有制度，我们整天谈制度，而我们背后没有金融思想，金融思想背后没有想法，所以要理解历史脉络，要了解观念，连观念都不了解的话，容易错误地建立一个框架。

问：王老师，我也研究了一下犹太人的历史，包括他们的宗教和历史轮廓。他们的契约精神，仿佛天生就有一般。不知中国企业何时发展到这一步？您如何理解儒家的文化、历史的传承？

答：这超出了我的知识能力，因为对儒家我不是专家。我是学鲁迅出身的，鲁迅的文章基本全部读过。之前我对儒家是深恶痛绝的，留学回来以后又重新补课学习了儒家，而且到岳麓书院专门修行了几天，现在看法又不一样。在中国，儒家是一家独尊。只要进入商业社会圈的，一定是犹太人的社会方式，最明确的就是契约精神，它非暴力，而且是交易保障的基础，因为它没有别的，特别是在背井离乡之处，唯一的维系是契约，没有别的。我个人感觉，一个国家能不能包容，不是一两个人的选择。我只是随大流，尽量打开视野，多学习，个人尽可能开放多看。我也看了一些这个东西，我觉得每个民族都有特别有意思的东西，我们年轻的时候，接受了一套思想体系，微博上有个词“铭印”，我们从小有一个铭印在脑子里，现在去掉铭印太难，但是我们努力在做，我只能个人努力去掉自己的铭印，做一点点努力。大家探讨，这个没有结论。讲课、座谈，很多人都希望有结论，不应该有结论的，最主要是大家摆出问题来，能问出来就了不得。

问：您一直在提倡自由金融，如果利率、汇率全部开放，国家的政策是不是就不好定了，就没有手段去调整国家的经济了？

答：美联储也不能每年调整利率，美联储根据市场周期调整。与美国随行就市，略微调不同，我国有政治周期，国家要上下，加速度，这是人工制造周期。中国的利率是围绕宏观调控人为制造的。此外，我们会为了保护国有银行、国有保险公司、国有的养老金等利益集团进行利率操控。不要把眼光只放在国有金融机构上，不是没人管了，要多方博弈，不只是一家定。几十几百家银行哪怕都是国有的，一旦利率开放，互相竞争，也会把利率打到一个相对正常的水平。据说今年有20家私人银行出来，甚至更多，包括互联网银行，利率都起来，马上会变化很大，特别是互联网金融，很容易转过来，互联网金融是线上线下业务。

（2013年11月5日）

第 62 期陆家嘴金融家沙龙

现代区域主义的特征与我国的选择

林桂军

林桂军，经济学博士，对外经济贸易大学教授、博士生导师，享受国务院特殊津贴，现为校学位委员会副主任委员、学术委员会副主任委员、国务院学位办应用经济学学科评议组成员、教育部经济学指导委员会委员（国际经济与贸易专业召集人）、教育部社会科学委员会委员、中国国际贸易学会副会长、北京经济学联合会副会长，《国际贸易问题》、*Journal of Chinese Economic and Foreign Trade Studies*（《中国经济与对外贸易研究》）主编，*International Business Review*（《国际商务评论》）、*Journal of Public Finance and Management*（《公共财政与管理》）、*Journal of Technology Management in China*（《中国技术管理》）编委。

世界格局在发生变化，经济地理格局也在改变，一系列区域性的自由贸易区，如泛太平洋战略经济伙伴关系协议（TPP）、跨大西洋贸易与投资伙伴关系协定（TTIP）、区域全面经济伙伴关系（RCEP）等异军突起，相比之下，WTO（世界贸易组织）的作用已经不再那么明显。中国将何去何从？本文将从亚太一体化格局入手，分析现代区域主义的特征及对不同国家的影响，纵论 TPP 与 RCEP 之间的微妙关系，指出中国回应 TPP 的实践方向。

一、亚太一体化格局：改革的多米诺效应

现代区域具有非常大的影响力。从现在的格局来看，世界在发生变化，经济地理格局也在变，WTO 的作用不再那么明显。虽然这次巴厘岛会议取得了早期收获，但是大家普遍认为以后路将更加难走。随着 WTO 吸引力逐步降低，世界上出现了一系列区域性的自由贸易区。三中全会决议也提出了坚持世界贸易体制规则，坚持双边、多边、区域、次区域开放合作的原则。现在从区域来说，最显著的就是 TPP，即泛太平洋战略经济伙伴关系协议。中国在积极推动与东盟自贸区的合作，我们叫它 RCEP，即区域全面经济伙伴关系。欧盟与美国谈判成立 TTIP，即跨大西洋贸易与投资伙伴关系协定。在这种格局下又出现了一个新的变化，APEC（亚太经济合作组织）将于 2014 年在怀柔召开，中国希望增加话语权，有人主张我们回到 APEC 项下的 FTAAP，就是亚太自由贸易区。

现在的问题是俄罗斯、巴布亚新几内亚、中国台湾地区、中国香港地区都没参加中美之间任何一方的区域自贸区。RCEP 有些成员，如柬埔寨、老挝、缅甸，还有印度，也没参加到 APEC 里面去，有些成员两边跨着，澳大利亚、新西兰、新加坡、马来西亚、越南、文莱、日本跟中国合作也行，跟美国合作也行，我们预计将来这种国家会越来越多，比如印度尼西亚可能将来跟中国合作也跟美国合作，既参加 RCEP 又参加 TPP。菲律宾、泰国很可能参加 TPP，其他国家和地区也有愿意参加 RCEP 的。总之，现在的格局就是两边的牵头国家不一样，不相互交叉，底下的成员两边窜。

有鉴于此，回到 WTO 框架内进行谈判成为一种选择。这次巴厘岛会议之所以能够签署协议，中国的贡献比较大。相反，南非认为多哈回合谈了这么多年，发展中国家没得到什么好处，即使有些早期收获也没有解决发展中国家要解决的问题，因此态度比较负面及悲观，认为巴厘岛不会有

什么收获。但是开会开了一半，曼德拉逝世了，每一位代表发言的时候都先悼念曼德拉，各国领导还到南非举行悼念活动，南非不再是反对障碍。印度对于中国特别重要，但也是多哈回合谈判的主要障碍。印度政府直接向农民购买粮食并给予补贴，随后政府发放供应券给穷人，穷人用供应券去买政府救济粮。这一制度遭到很多成员国的反对，认为印度应该取消粮食补贴。同时，正好碰到大选，政府如果取消对穷人的补贴将影响选举结果。最终在中国、美国和 WTO 总干事的共同作用下，印度同意逐步取消粮食补贴。此外，在中国的积极努力之下，古巴也同意了。下一步，中国究竟应该回到 WTO，还是在区域圈里面挣扎，实际上处于两难的格局。

二、现代区域主义的特征

所谓现代区域主义，表现为国家与国家之间签订自由贸易区协议，主要有以下特征。

第一，小国主动与大国融合。一是争夺全球价值链的地位。二是解决 WTO 多哈回合谈判未能解决的议题。三是提升全球贸易体系中讨价还价的实力。

第二，不对称的减让。即发展中国家承诺的多，而且很多是单方面承诺，而发达国家几乎不做什么承诺，或者只做很少的承诺。小国同意单方面的改革，满足大国的要求，对于发达国家的贸易伙伴给予出口的优惠；同时承诺改善国内公平竞争的环境，实行竞争中立，改革劳动标准与环境标准。

第三，贸易利益和贸易开放程度不大。因为发达国家关税已经非常低了，再谈关税，对发达国家而言没有实际意义，各方主要解决的是新议题。

第四，巨型 FTA – mega – regionalism（自由贸易区）。首先，大规模的自由贸易区具有规模经济效应。其次，巨型的自由贸易区会导致多米诺效应。例如，在美国推动TPP之后，中国和欧盟也纷纷开始行动。最后，巨型自由贸易区含有政治安全因素。比如，日本加入TPP很大程度上出于政治安全的考虑。

三、现代区域主义对不同国家的影响

现代区域主义对不同国家会产生什么样的影响呢?

第一，现代区域主义给发展中国家带来了外部改革的压力。从客观来说，美国带动了新一轮全球改革，TPP设定了高标准，推动各国进行改革，所以这些国家愿意跟它融合，因为不改革外资就可能流出，这就是改革的多米诺效应。此外，客观地讲，美国推动全球的贸易体制更加开放，贸易体制的改革超过了WTO。在这种情况下，我们必须加快改革的步伐。

第二，发展中国家对发达国家单方面给予贸易减让意味着发展中国家的进口将主要来自发达国家。例如，美国跟越南签订协定，越南进行了减让，以后中国出口越南可能会比较困难，美国对越南的出口会增多。但是我们必须考虑产品的替代性因素，美国出口的是一种产品，我们出口的是另一种产品。例如，我们出口的是服装，美国可能出口的是武器，相互之间可能不受影响。这对欧盟影响可能比较大，因为他们的产品要么是汽车，要么就是机器设备，与美国产品存在更多的竞争。总之，各国开始争夺市场。

发达国家给发展中国家的贸易优惠虽然小，但是十分关键。生产中间产品的这些企业都会云集到发展中国家。比如，如果越南某个产品打开对美国的通道，这时候很多生产中间产品的企业都会到越南去，然后以此为基地进行加工贸易向美国出口。所以，发达国家小幅度优惠可以吸引所有中间生产的外资，如果发展中国家不进行改革，不保护知识产权，或者歧视外国企业，外企就可能迁往其他国家。这就是在发达国家贸易减让非常小的情况下发展中国家仍然热衷于区域一体化的根本原因所在。

发展中国家加入区域自由贸易协定，是为了和类似的国家竞争外资，并不是为了扩大向发达国家的出口，也不是为了从美国引进更多的外资。如果发展中国家环境改善了，其他国家的外资都会迁往该国，并不见得都来自美国。所以这个过程导致了改革的多米诺效应，为了留住外资，发展中国家纷纷加入到改革的潮流中，与发达国家签订大量的自由贸易区协定，我们国家就是这么进来的，如果没有这些因素，我们现在的动力不见得那么大，或者不是那么着急，或者还没摸着方向。在 TPP 之前，我们的改革没有那么明确的方向。自由贸易区可以扩大针对发达国家的出口，可以通过促进以竞争规则为核心的改革，促进投资的输出，但其他发达国家也可以免费蹭车。

另外一个多米诺效应是大国之间进行博弈。某个大国推动区域自由贸易区，可能影响到其他大国的利益，从而推动其他大国也推进区域自由贸易区。这也是我国这么热衷于中日韩自由贸易区和 RCEP 的原因。

我们的决策应该建立在认清谁是我们的敌人、谁是我们的朋友的基础上，所以我们的回应应该有针对性。开始的时候，我们不太注意，思路也很模糊。我们一直认为我们在和美国争，但是由于中美两国的产品差异性很大，美国不太可能抢占我们的市场。那么，发展中国家会不会抢走我们在美国的商品市场呢？美国的市场已经非常开放了，再减让空间不大，所以即使抢也抢不了太多。发展中国家会不会抢走我们在美国的服务贸易市场呢？我们本身对美国的服务贸易并不大，而且美国的服务贸易已经非常开放，不大可能存在被其他发展中国家抢夺的机会。实际上，重要的争夺在于全球的价值链和外资。来自日本、韩国、东南亚、中国台湾和香港地区的零部件都是在大陆组装或者生产的，出口到欧美，美国进口小幅优惠就会使中间产品的生产商向其他国家和地区转移，这是问题的核心。除此之外，我们会担心美国组成一个贸易集团与中国讨价还价，由于我们处于弱势地位，要做出更多的让步，利益可能受到损失。

我们必须明白为谁而争，为谁而斗，为什么而争。我们争的是全球价值链和外资。谁是我们的敌人？我们的第一个敌人是发展中国家。这些改革的发展中国家是我们的对手，它们要抢走我们的利益，为了抵消其他发展中国家的竞争压力，我们必须得改革。我们的第二个敌人是发达国家。大国可能以贸易集团来敲诈我们国家的利益，所以我们国家也要组建自己的贸易集团。同时，我们要加快改革，跟发展中国家竞争。

四、TPP 与 RCEP 是互补还是竞争

有关 TPP 与 RCEP 的关系，现在大家谈论得非常多。TPP 和 RCEP，中国主导 RCEP，美国主导 TPP。两者究竟是什么样的关系？是互补，还是竞争？实际上，两者的目标水平标准不一样，美国认为 TPP 是高标准，RCEP 是低标准。但是一个是高标准，一个是低标准，为什么有些国家既参加高标准的，又参加低标准的？单纯通过标准进行区分解释不了这个问题。假设某个国家崇尚高标准，那就应该参加高标准而不参加低标准的区域自由贸易区，但是很多参加 TPP 的国家，同时也参加了 RCEP，这是一个特别奇怪的现象。

我认为 RCEP 就是我们和东盟的合作，这个自贸区的重点在于准入。什么是准入呢？就是中国还是个有吸引力的市场，如果我们降低了关税和非关税壁垒，开放我们的服务业，很多国家都会垂涎三尺。现在关键是我们没有全部放开。如果我们进行减让，很多国家就跟着我们走。TPP 的重点是改革，RCEP 与 TPP 推销的重点不一样，RCEP 推销开放、准入。这就是为什么大家两边都去，想要扩大市场的跟中国走，想要扩大改革的跟随美国。所以，我们也不用太担心，只要我们坚持做自己的事，走稳自己的

路，明确自己的目标，就不用那么担心。

美国能不能以贸易集团来敲诈我们的利益呢？我们可以深入分析一下。假设美国组建了TPP，中国组建了自己主导的贸易集团。假设中国和美国讨价还价在贸易方面基本等同，因为我们双方的贸易差不多，我们的出口大于美国，进口小于美国，加起来差不多，但是我们的关税水平高于美国。具有改革倾向的国家加入TPP，但是这些国家也被中国的市场诱惑，也加入中国主导的贸易集团。中国主导的贸易集团以准入为特征，美国主导的以改革为特征，底下的成员也可以两边都参加。追随美国的成员体制改得好，跟中国走的体制改得不好，但获得很大的市场。很多国家为了自身利益很可能两边都参加，体制改革得比较完善，市场也比较开放。中国开放了市场，但是不改革体制，就会比较孤立，如果我们不怕孤立继续往前走，最后还是中美两个国家之间的事，还是回到中美互相谈。所以对未来的判断比较复杂，但是大致可能朝这样的方向发展，最终还是中美两国的事。

那么我们对巨型FTA（自由贸易协会）这个潮流的总体评价是什么呢？首先，它具有积极作用。我们应该承认它做得比WTO多，对于推动全球改革步伐具有积极效应。其次，它有歧视性，所谓歧视性就是说，在这个区域集团外的国家，不管是中国还是美国总觉得被歧视，所以这种歧视可能给全球趋势带来不稳定的因素，难以预测未来世界贸易体系的走向。最后，它有敌对倾向。在TPP之前也有贸易集团，但是不敌对，但是现在好像有些敌对了。中美两国作为负责任的大国应该努力消除敌对。

五、中国回应TPP的理论基础

过去我们回应美国的TPP建立在三个假设基础之上。第一，美国搞TPP会对我们国家的出口产生替代效果，排挤我国对发展中国家和发达国家贸易伙伴的出口。第二，谈判规则发生变化会使中国的外资倒流，原来流到中国的外资现在流到其他国家了。第三，美国会利用这个敲诈我们的利益。第四，我们厌恶孤独。虽然前面我们分析出的问题好像不是那么严重，但是我们更大的一个心理上的因素是我们厌恶孤独，担心将来被迫开放或者留在区域集团外机会成本会更高，因而我们就动起来了。

现在我假设这个世界上有 4 个国家（下图）：1、2、3、4。1 和 2 都是大国，3 和 4 是小国。如果大家什么都不干，就是互相征税，谁都不跟谁签订自贸区协定，相当于回到我们 2008 年以前的初始状态。如果大国 1 和小国 3 签订了一个自由贸易区协定，大家就开始动起来了。在这种情况下，国家 1 是美国，国家 2 是我们中国，我们什么都不干，国家 4 是小国，但是没有加入，国家 1 和国家 3 签订协议之后，就可能影响国家 2 和国家 4 的出口，这些国家的出口利润会下降并受到歧视。实际上，第一种选择（单个 FTA）相当于美国成立了 TPP，中国什么也不参与。

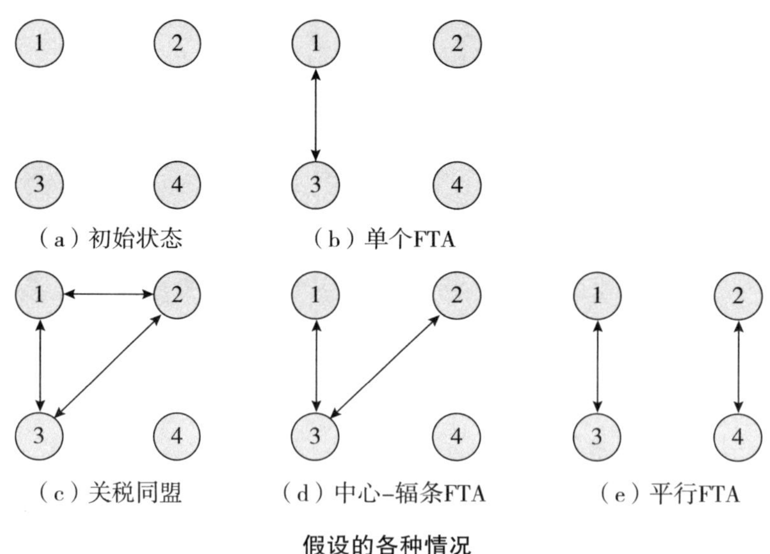

假设的各种情况

第二种选择（关税同盟）就是美国搞了 TPP，国家 1 和国家 3 签订协议，国家3代表一个小国，然后国家2加入进去。这就相当于美国搞这个TPP，国家1和国家3签订了协定，然后中国也加入进去。我们的第二种选择就是加入TPP。

第三种选择（中心－辐条FTA）就是国家1和国家3签订了协定，我们不加入但是挖墙脚。中国和其中的一个国家谈，比如，美国发起了TPP后，中国跟澳大利亚、加拿大这样的国家进行谈判。这就相当于，这些国家建立TPP，中国加入不进去，就决定不加入，但是和TPP的一些成员谈判。目前中国回应TPP就是采用这种模式。

最后一种选择（平行FTA）是国家1和国家3签订了协定，中国不予理会，而是和国家4签订独立的协定。这就相当于我们目前积极努力的RCEP，跟东盟这个自贸区。

总之，一旦美国促成了TPP，我们有4种选择：一是不管TPP，继续走自己的路，不做任何回应。二是加入TPP。三是不加入TPP，但是和TPP的成员国单独谈判。这类似于挖墙脚，中国不和贸易集团谈判，但是和单个国家谈判。四是发起建立其他的自贸区。上述4种选择已经基本上穷尽了所有情况，现在我们的问题是这4种选择哪个最优？

我们在衡量的过程中要考虑消费者的利益、国内出口厂商的利益以及国家的税收利益。我们应该从经济角度而不是政治角度对可能出现的结果进行衡量，选择结果最优、我们获利最大的方式。

最优选择是加入对方的自由贸易区。中国加入美国推动的区域自由贸易区是获利最大的，也是经济上利益损失最小的。同样，如果美国加入中国推动的区域自由贸易区，也可以实现利益最大化，否则的话就进入了次优选择。第二好的选择是独立推动自由贸易区。结果是跟美国平分市场，市场就小了。第三个选择是和TPP的一些成员谈判，这样中国就可以和美国分享这些国家，但是分享不到美国的好处。最差的选择是不作为，什么都不干。不作为的政府是最差的政府，中国必须要行动。

问：这是不是意味着中国另立山头和挖墙脚两条路都得走？

答：对，我觉得我们基本上也是采用这个方式，我认为模式化就应该这么走，最后再想跟美国怎么并轨。中央这次三中全会提出了建立高标准的自贸区网络，我们应该怎么做？我觉得首先要推进RCEP，就是跟东盟的合作要推进，虽然有很多障碍，但是要坚决往前推。在推的过程中我们谈两个自贸区协定，谈一个低标准的，和老挝、柬埔寨、缅甸，可能还有印度。同时，再谈一个高标准的，和澳大利亚、新西兰，这样韩国和日本也可能加入。

问：中国怎么可能通过开放倒逼改革呢？通过一种怎样的机制能实现这样的目标呢？从现在的上海自贸区看来，暂时没看到这样的效果。

答：这个理念已经被世界认同了，我在总结区域自由贸易区对于发展中国家的影响中也提到，它有促进改革的效果，发展中国家通过跟国外签订协定，然后锁定具体的改革措施，不改革的话就会受到惩罚。

从我们国家的具体情况来看，现在对外资实现了负面清单，取消了审批，对内资也要取消审批。三中全会里面讲了将来内外资要合一，所以这样就会带动体制的改革。开放以后随着国外服务业商品的进入就会给市场带来更大的竞争，国有企业可能觉得在这种环境下很难生存，因而会提出改革的需求。比如说，国有企业提出任命的方式不合理，认为这种机制阻碍了和国外的竞争，或者民营企业认为发展限制太多，应该逐步取消，所以都会带动一系列的变化。开放最重要的变化是能够使企业向世界一流标准看齐。如果不开放，企业只能成为国内的冠军，不可能成为世界冠军。只有开放的企业才可能拿世界最先进的标准衡量自己，这时候有的企业可能被冲垮，但是也有的企业会成为世界最先进的企业。不开放不可能打造一个世界最先进的企业。从根本上说，开放带来了国际上的竞争。

问：目前，外资企业也没有特别大的意愿去自贸区，一是区域很小，二是成本很高，三是不知道能做什么。您认为，从实务角度出发，应该如何让制度落地？

答：在有些领域，开放的效果不会很明显。开放的重点应该针对能够明显地增加经济成本的领域。因此，我们在开放的时候要识别它对经济产生了什么样的效果。然后，重点应该是降低整个国民经济运行的成本。

问：在改革的过程当中是利益的重新分配，您认为改革是为了谁？国企吗？

答：我认为国企需要进一步改革，如果它的效率和竞争力要想提高的话。若竞争导致国企消亡，那就需要有共识。以出口为例，国有企业占整个出口份额的比重大概是15%，外商投资企业占50%，剩下的35%大概属于民企。国有企业在整个出口总额中不断增长，如果能够进一步改革，比如不直接任命总经理，公司治理结构更好，也许还能够干得更好一些，国企在激烈的竞争中能够生存下来。我们改革的目标是什么？提高人民的生活水平，其他都是重新分配的事。怎么提高人民的生活水平？我们必须要转型，因为以往我们的收入提高，中国的老百姓是靠延长工时，那么转换这个方式应该怎样？提高劳动生产率。怎么提高劳动生产率呢？一靠政府，二靠市场竞争。市场竞争是最主要的方式。竞争需要一个好的竞争环境，最好的竞争环境是公平竞争。公平的竞争环境需要开放，这也是我刚刚讲的基本的思路。

（2013年12月18日）

第64期陆家嘴金融家沙龙

中国经济向何处去

张 平

张平，中国社科院经济研究所副所长、研究员（教授）、博士生导师，著名经济学家，三次孙冶方经济科学奖获得者。先后主持过国家社科基金重大课题、国家交办课题、中国社科院及国家相关部委和地方政府等多项重点课题，以及多个国际合作项目。院府合作（上海市）重大课题“创新驱动、转型发展——指标评价体系”和“上海产业升级”的承担者。

过去30年，中国经济经历了一个以持续结构变革推动经济规模扩张的加速增长期，如果这些结构性加速因素开始减速，中国经济未来就会出现结构性减速。本文主要包含四个方面的内容：第一，2014年宏观展望；第二，长期增长的路径——结构性减速；第三，中国与发达体经济周期非同步；第四，宏观政策与体制改革。

一、2014年宏观展望

2014年中国经济阶段性、特征性事实如下：

（1）2013年第三产业超过第二产业，2014年第一季度第三产业增加值占GDP比重提高到49%，中国靠制造业推动持续的效率发展阶段结束，结构变革将让位于效率和要素供给质量以及激励机制。

（2）2013 年中国进出口贸易总量成世界第一，国际市场的总规模提升到顶，中国 2013 年已经连续第三年贸易盈余占 GDP 的比重小于 3%。更为重要的是，全球贸易主要推动力是服务业贸易份额的扩张，而中国服务贸易一直处在逆差扩大的趋势，2014 年继续。

（3）生产者价格指数（PPI）持续负值已经 25 个月了，而且 2014 年等二季度持续为负值，它代表了实体经济的通缩。消费者指数（CPI）代表着消费者受损程度，而生产者价格指数代表着生产者受损程度，持续的负值意味着实体经济陷入通缩，生产者实际上的利率过高，制造业继续恶化。

（4）国民经济结构调整更趋向“房地产和基建”的投资带动，中国当前的增长模式高度依赖于土地和资金，增长的带动力从“投资 + 出口”的模式转向了单一投资拉动模式，资金最为重要，但按揭利率持续上升，房价下跌趋势对这一模式打击最大，导致经济增长进一步下滑。

（5）2014 年发展地区经济开始“失速”，河北 GDP 增长降至 4%，区域空间“转移模式”受到挤压。

（6）2014 年金融体制成为当前改革的主要抓手。2 月份政府主动出手改变汇率升值预期，并将变动幅度提升到日浮动 2%，又推动了沪港通的策略，在资本项目开放迈出了坚实的步伐；同时要加快国内利率市场化，核心是储蓄保险和信用风险定义。

这 6 点说明我们传统意义上的调结构，即将传统部门的资源转移到现代部门，通过比较优势扩大出口的方式已经不能再促进增长了。产能严重过剩，制造业下滑，资产负债率不断提高，稳定度下降，刺激政策过于偏窄，国际出口到顶。中国经济增长的压力确实变得非常大。有了这些归纳，根据这些事实，我们用很多实际的数字，用 1 月份和 4 月份公布的数据来检验这些阶段性特征，就可以发现，这些特征几乎没有变化。所以我们认为，第一季度可能增长7.4%，第二季度通过政策激励会略比一季度好，但趋势下滑是基本可以确定的。当前只有政策激励的改善，没有基本面的改善。

中国经济会不会更加恶劣地下滑？说不准。因为中国政府不差钱，任何反危机的措施都可以。现在最重要的问题是找不到微观挣钱的道路。中国经济下滑是一个趋势，如何激励中国再发展和稳定中国的下降速度，是现在的两大命题。

二、长期增长的路径——结构性减速

中国经济下滑到底是什么样的情况？我们根据国际经验和理论逻辑得出一个基本的结论，就是中国经济经历了一个以持续结构变革推动经济规模扩张的加速增长期，如果这些结构性加速因素开始减速，就会出现结构性减速。我们看看推动我们结构性加速的因素未来将呈现什么样的情景，主要是以下几个事实决定了结构性减速的事实。

（一）城市化的转折

人口城市化仍处于加速，特别是人口总量放缓，但按我们的测算，到2016年城市化推动的投资率上升趋势结束，消费作用加强。

城市化增长百分点和城市化率见表1。

表1　城市化增长百分点和城市化率

年份	城市化增长百分点	城市化率（%）
2006	1.37	44.3315
2007	1.4	45.7254
2008	1.4	47.1261
2009	1.4	48.5313

续表

年份	城市化增长百分点	城市化率（%）
2010	1.4	49.9388
2011	1.42	51.3464
2012	1.4	52.5719
2013	1.4	54.1530
2014	1.4	55.5476
2015	1.39	56.9336
2016	1.38	58.3087
2017	1.37	59.6710
2018	1.33	61.0186

中国城镇化率由1978年的17.92%提高到2012年的52.57%，年均提高1.02个百分点。其中，1996—2012年，中国城镇化率年均提高1.38个百分点，是1978—1995年的2.2倍，是改革开放以前的5.6倍。

1996年以来，中国平均每年新增城镇人口超过2000万，城镇化年均提高幅度超过1.3个百分点（见表2）。

表2　中国平均每年新增城镇人口和城镇化年均提高幅度

时期	年份	平均每年新增城镇人口（万）	城镇化年均提高幅度（%）
“六五”时期	1981—1985	1191	0.86
“七五”时期	1986—1990	1020	0.54
“八五”时期	1991—1995	996	0.53
“九五”时期	1996—2000	2146	1.44
“十五”时期	2001—2005	2061	1.35
“十一五”时期	2006—2010	2153	1.39
“十二五”时期	2011—2012	2312	1.32

（1）城市通过人和其他经济要素集聚带来正外部性，抵消了城市化的成本才创造出了城市的规模收益递增，从而导致了城市扩张，也内生定义

了城市的边界。城市发展是聚集效益的产物。

城市化导致规模递增：要素、基础设施、制度等资源被有效共享、匹配和学习，形成正的规模收益外部性：产业分工深化、创新加速、成本节约等，以克服城市各种成本，包括土地价格上涨、拥堵、社会问题等。一个城市缺少了聚集效益，城市就会逐步解体，伦敦就有过完整的经历。

（2）城市化率达到50%以后，不能仅仅从城市化的需求角度看待城市布局发展，如城市化需要每年5万亿元的投资等，因为没有聚集效益，没有产业发展和就业，城市就会衰落，大量公共基础设施成本会沉没，很多城市无人去。

（3）城市化提升投资率到56%～60%，从国际和国内城市化与投资率的回归分析上看，投资率下降。由表1可知，中国在2016—2018年城市化带动投资率见顶，当然中国当前的投资率也实在太高了，意味着城市化的建设周期结束，进入了运营周期。城市建设周期景气转变为城市的折旧值得重视。

适应以上发展趋势的政策可用三个“d”来描述：（1）提高密度(density)。如全球最大都市东京都拥有3500万人口，但其面积仅为全国面积的4%。（2）缩短距离（distance)。企业和劳动者通过迁移来缩短与经济机会的距离，如每年美国有800万人进行跨州迁移。（3）减少分割（division)。许多国家通过降低边界对经济活动的阻隔，进入国际市场并获得专业化和规模经济的好处。

我们有理由认为，我国人口从农村向城市，以及从中西部地区向东部地区的集聚还会继续下去。这种趋势是空间布局需要分析的。

（二）人口红利

图1、图2是2000年左右世界银行做的图，中国到2015年经济增长一定减速，这就是著名的2015年诅咒。类比日本人口红利在1991年与经济

增长双降，中国到2015年人口红利下降，因此推定经济增长下滑。

人口因素现在基本上是近在眼前了，2010年人口红利转折，2012年、2013年16~60岁的劳动人口供给绝对下降。我们以一个商场为例，原来有1.6万名职工，2011年流失率为30%，2012年流失率为40%，2013年的时候流失率就开始接近80%。这说明人的征召困难，而且这几年都没有扩人，但是流失率明显加速。大家对人口红利的概念很清晰，就是16~60岁劳动力占总人口的比重持续上升，即劳动力供给越来越多，而且年轻人会不断增加储蓄。但是中国这个人口红利下降了，年轻人多的时候，支付起老人的养老金来没有问题，以后演变为年轻人越来越少，老人越来越多，这就是我们讲的人口因素，中国赖以高增长的另一大因素——劳动力的无限供给，而且是非常廉价的劳动力无限供给正在消失，且储蓄也会有所下降。

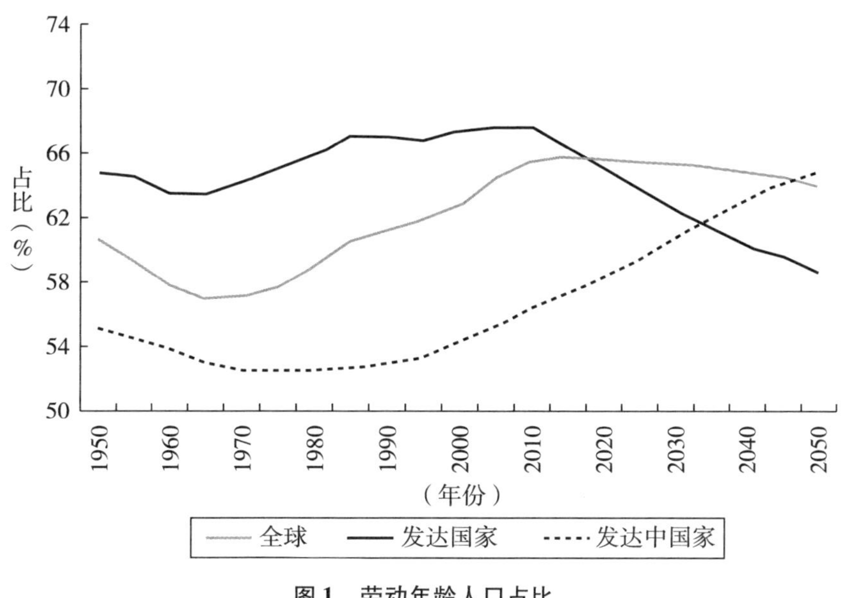

图1　劳动年龄人口占比

2010年第六次人口普查数据再次确认了我国人口生育率和人口增长总

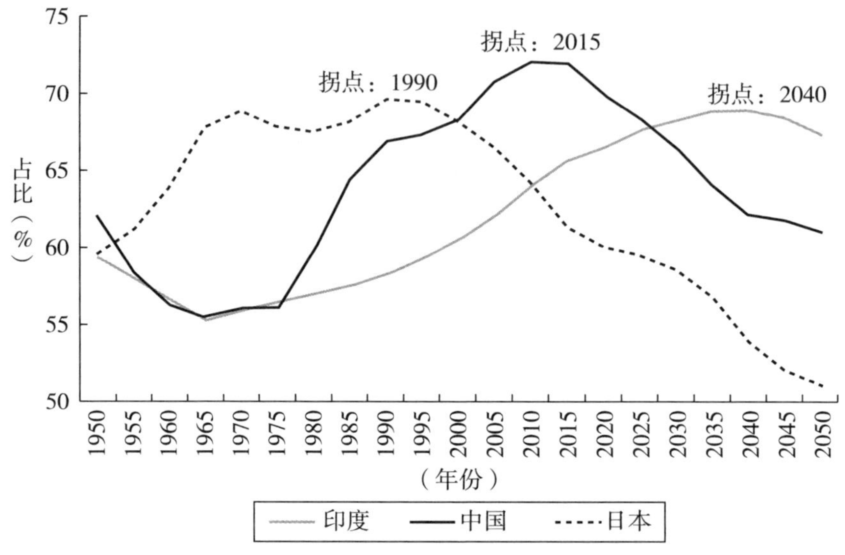

图2　日本、中国、印度工作年龄人口占比（15～64岁人口）

和生育率被高估了，依据数据推算：总和生育率从原有的1.8%下降到了1.3%～1.5%（郭志刚，2011）。儿童（0～14岁）的比重为16.6%，比2000年下降了6.29个百分点；老年人（60岁以上）比例为13.26%，65岁及以上人口占8.87%，上升了1.91个百分点。根据联合国《世界人口前景展望（2010年修正版）》关于中国人口的“中方案”预测，中国人口总量将在2026年达到不足14亿的峰值后开始进入负增长，21世纪末下降到9.41亿。中方案预计的人口总和出生率从2010—2015年的1.56%降至2020年的1.51%。根据“低方案”预测，中国人口总量将在2017年达到13.58亿的峰值后开始进入负增长，2020年前总和生育率为1.3%。

中国劳动力占总人口比重增速下降，而且重要的是劳动参与率也是负增长，即越富有则劳动参与率越下降，加大了中国劳动力的供给压力。但人口是一个慢变量，短期内对中国经济增长的影响不大，依据十三五测算会拉低经济增长大致0.5个百分点。

（三）结构配置效率下降

过去我们想尽一切办法从第一产业转移劳动力到第二、第三产业，只要进入现代部门都会高速发展。现在第三产业的劳动生产率比第二产业低了很多，劳动生产率的增长率也低于第二产业。发展中国家，尤其拉美有两个过度问题：一个是过度城市化，另一个是过度服务业化。这两个问题都会导致整个国家的低效率。所谓中等收入陷阱，这也是其中的原因之一，就是很多人和资源往服务业走，但是劳动生产率非常低。反观发达国家，从来不用讨论结构问题，因为它是根据市场走的，如果说第二产业与第三产业不平衡，这是不可能的。所以他们的劳动生产率都是基本上相当的。而我国第三产业的劳动生产率一直上不来，原因是你只要能想到的现代服务业，都是受到管制的，比如说电信、金融、教育、医疗、媒体，甚至公共的给水、排污在我们国家都是垄断和管制的。而服务业这几年日子还过得很好，跟人民币一直升值也有关，也没有受到国外的冲击。所以最近国企改革当中非常重要的改革主要就是服务业这一块。

以前中国说一调结构就可以找到增长机会，而现在调结构增长机会主要在于服务业当中的垄断部门的放松管制，这是调结构促增长的唯一之处。因为我们现在抱怨的所有的管制，全都在服务业上。我们行车难，停车难，入托难，养老难。养老护理产业在美国是非常大的产业，按照社科院的研究，养老护理产业能占美国 GDP 的 17%，医疗也是非常大的产业。而中国这些产业只占 0.3%，连 1% 都不到。这些所谓调结构的配置，其核心就是如何提高服务业的劳动生产率。基于欧美的这套逻辑，我们发现中国在这方面有很大的潜力。但是基于互联网，美国对中国的冲击也是很大的。我们知道自贸区因为中国和美国的基本模式谈判已经告一段落了，很快进入文本谈判。模式谈判到 2014 年上半年应该完成，接下来具体推论条款谈判，估计到 2015 年完成。到那个时候，自贸区的试验也就告一段落，未来估计就是对 TPP 做准备了。

服务业的开放，是中国调结构的重中之重。服务业的开放，核心是两点：第一，不同于一般商品贸易的开放，一般商品贸易的开放叫边境开放，而服务业的开放叫境内开放。第二，投资服务贸易谈判当中的另外一个重点，因为涉及投资，叫资产的自由处置和变动。这两点，就意味着资本项都得放开。还有另外一个问题，服务里面中国更担忧的是意识形态，因为我给你的服务里面都包含意识形态。而投资和服务贸易谈判里面有很多，包括资产的自由转换、负面清单等。所以，中国结构调整的难度是非常大的，最大的难度在于中国先得赶紧开放大量的垄断服务，而大量垄断服务业又涉及大量的社保改革。因为这些压力的存在，结构调整确实不容易。

制造业非常重要的就是如何转型升级。只要中国的制造业可以降低成本，比如说减税，其竞争力是很强的，但是降低成本非常难，各个方面除了成本就是成本。跟国际上的绿色革命、第三次工业革命的比较还是需要探讨，制造业的改变不比服务业对中国的冲击大，因为中国的产业是基于对全球规模性需求做的生产布局。我们最近做的就是从规模到范围的重新划定。穷的时候，大家的需求都是一致的，所以用规模经济解决得很好。但是随着收入的提高，人们需求的多样化，已经发展成一个范围经济的问题，所以需要大量的品种。这些问题怎么处理，都是需要探讨的。这里不一一分析。

在配置问题上，中国的配置上加速也少了。中国的生产函数的各个方面，最严重的就是资本劳动分配份额不平衡的问题，还有全要素生产率的问题，我们都看到了减速的压力。未来中国的增长速度，从 2015 年以后，逐步地要下降到6% ~8%，这是一个令人非常满意的水平。按经济增长目标翻一番的要求，“十三五”经济增长在6.5%就非常好了，经济增长进入到“换挡期”。而我们测算下来是6.4% ~7.9%，认为6% ~8%是较为稳定的区间。从增长角度来看，中国当前遇到的诸多问题是一个长期问题，调整和改革已经时不我待了。

三、中国与发达体经济周期非同步

美国潜在经济增长率从20世纪90年代的3.2%下降到21世纪的2.5%，超过2%就会减少失业，2013年第一季度至第四季度分别为1.1%、2.5%、4.1%、3.2%，失业率降到2014年1月的6.6%，2014年上半年拉回到6.5%以下，逐步到了结束量化宽松的第一门槛上了。

美国自然失业率为5%~6%，QE（量化宽松）将2014年失业率拉回到6.5%。QE的另外一个标志是通胀2.5%，失业率低于6%，经济有过热倾向，2015年一致预期经济增长率超过3%，拉高利率是大概率了。

美国经济好转，房价回升20%左右，尚未达到2007年水平，失业率降至6.6%，美联储开始逐月缩减QE3（第三轮量化宽松）规模。

资产回报率决定了利率水平，美国从2014年开始，减少了长期国债购买量后，十年期国债到期收益率上升，其利率上升是有资产收益支撑的，上市公司回报率在16%左右。从房地产信托（REITS）收益来看，自1972年到现在，平均股利收益率为8.09%，过去二十年有过大危机，收益率也在6.43%，是有支撑的。而我国利率2014年继续上升，但资产回报率是没有支撑的，房地产出租收益率低于活期利率，上市公司回报率下降快，未来经济周期不同步后，资产回报率差异会推动两国不同的货币政策周期。

我国靠汇率制度性盯住美元的方式稳定了经济，但由于中国利率高，贸易盈余好，与美元有着同步的经济基础，若经济和货币周期不同步，汇率稳定性会受到挑战。

中国经济在这次金融冲击下，奠定了基础设施，推动了城市的快速发展，但在产业升级、资本产出效率、劳动生产率和TFP（全要素生产率）上没有明显提高，而且出现持续下降，上升的是杠杆和资产、劳动力等要素投入价格，竞争力再削弱，这会导致中国与发达国家调整的脱钩。

全球再平衡，发达国家复苏回落，高失业率指向经济仍处于恢复之中，预计要恢复到2014年年底。美国经济处于复苏边缘，宽松政策维持到2015年中后期进入加息，美国和中国复苏与金融政策周期会出现很大的逆转。

世界格局大变化，发达国家经济增长贡献份额已经下降到50%以下，但仍是国际货币供应者，发达国家主导了以全球服务贸易为主导的自贸区，制造业高端产业在智能生产和能源革命推动下回流加快。

2014年全球经济增长预期下降，新兴市场国家经济下调，巴西负增长，印度、南非、俄罗斯和中国经济增长均下调，2015年仍不乐观，发达国家则开始上调增长预测。

2014年全球经济风险释放，发达国家自我平衡加快，技术创新方向明确，货币加快贬值，而后发国家在这方面都有着很多欠缺。特别值得注意的是，发达国家的货币—经济周期和中国的货币—经济周期不同步，表现为美欧经济加快，但我国外贸没有达到预期，其中还有假出口，最低占3成，贸易竞争力下降，经济下滑。中国利率没有因衰退而降低，反而大幅度走高，缺少资产回报能力。美国则是经济复苏，利率从低位向高位走，汇率盯死遇到周期脱钩的挑战问题。

四、宏观政策与体制改革

2014年经济增长目标为7.5%，保证财税基本稳定的底线是7%，增长的底线是7.2%。

（一）当前的政策手段

（1）财政刺激：拉升基建。

（2）货币扩张：放货币。

（3）改革：汇率和利率市场化改革。

中国特色的“扩张模式”：第一次银行货币扩张，第二次负债表扩张，政府和国企是投资的主力军。在资产方，主要体现为对外资产、基础设施以及房地产资产的积累，这与工业化和城镇化的结构变迁紧密相关。在负债方，各级政府以及国有企业负债扩张明显，总体上超过私人部门（包括企业和居民）的负债增长，从而形成大量的主权负债，这与中国的赶超体制密切关联。

中国特色的“量化宽松”：中国改革开放以来有过一次“量化宽松”，即发行特别国债购买银行的不良资产，推动了中国银行上市，也解救了地方政府和国企的大规模投资，这次量化宽松为中国的高速发展打下了坚实基础；中国当前地方和国企扩张再次达到了一个新水平，特别是地方政府大多是城市化建设，多为长期限负债，推出中国第二次“量化宽松”，即发行特别国债4万亿～6万亿元对地方政府的城市基础设施投资的资产购买，解除地方政府财政危机和银行危机，这样才能再次启动以中国城市为核心的经济带动转型。

2014年财政政策依然积极，保持适当的赤字水平在3%。财政支出继续增加，社保、转移支付等类支出已经是刚性的了，进一步划分中央地方财权，当前中央财政70%转移给地方，而地方中40%靠中央转移支付，发展主要靠土地。

（二）财税改革

（1）税赋减：“营改增”，加大试点范围，最终将增值税替代营业税，

2015 年完成。

（2）增税赋：资源、环保、能源等税收改革。

（3）地方没有新税赋，消费税、房地产税在 2015 年和 2016 年都应该纳入征收范围。

（4）预算透明等配套，推动融资权力下放和地方债发行。

（5）公共基础设施服务调整价格。

（6）国企上缴红利与政府机构和事业单位改革。支出权力部分上收中央，同时减少转移支付，但当前没有解决地方财政问题，难有大的改革。

（三）中国资产负债表的安全与挑战

中国资产负债表中的四个表，总体杠杆突破了 200%。

（1）政府负债主要问题在地方政府，核心是中央政府以何种方式化解，但最终责任是中央政府的，大数上没有超过 60%，基本安全，而且负债基本上有资产对应物。

（2）家庭负债安全，因此储蓄保险核心是保卫这部分资产，2013 年金融资产负债水平为 35%，达到发达国家的下限水平。

（3）银行资产质量安全，坏账上升加快，但当前的覆盖和高达 20% 的存准率是足以应对结构性坏账的；非银行金融机构已经出现了违约，会向银行传递。

（4）非金融企业全球过高的负债，已经出现了倒闭的挑战。

未来的挑战：企业系统性坏账、刚性兑付挑战信用风险，利率过高和续债能力下降，土地房地产抵押物出现系统性下跌，就会导致宏观系统性风险，而当前的金融状况也容易受到外部的冲击，但系统风险仍然可控。

（四）加快利率和汇率市场化改革

2014 年第一季度最为明显的动作是推动汇率改革，包括以下三个方面：2 月直接干预汇率市场导致人民币贬值 2.6%，3 月 17 日宣布人民币对美元汇率波幅由1%扩大到2%，4月准备港沪通。这一系列改革表明汇率改革进入了快速轨道，按日程看2015年年底完成人民币自由兑换的目标似乎没有变化，这也是源于中美投资和服务贸易谈判的进程，当前完成了模式谈判，预计上半年启动文本谈判，到2015年应该完成，其中明确规定了资产的自由转移；与汇率相应的是利率市场化，从鼓动互联网金融到打击各类宝，核心是希望统一监管、利率有序决定和储蓄保险，储蓄保险制度将于2014年年底前推出，而后利率市场化就差定义风险了，包括局部的风险定义；住房金融浮出水面，为了应对房地产可能导致的冲击。

预期的成果和显示出来的政策效果有如下四点：

（1）利率市场化希望达到三大目标：统一监管，利率市场化不能分割；稳定金融系统框架的政策，包括保卫居民储蓄（稳定了金融机构）、政府稳定、房地产稳定；允许局部资产风险，逐步定义风险，解决刚性兑付，降低利率。

（2）汇率市场化：资本项目自由兑换，解决央行的货币错配问题，央行不再被动地进行货币政策操作，加大人民币在国际结算中的作用，风险在于汇率波动让渡给民间。

（3）实际效果明显：汇率变动，改变了一致性预期，热钱减少，出口和外汇占款下降，M2下滑；利率改革，货币衰退性宽裕，按PPI（生产价格指数）实际利率高位；统一监管摩擦巨大，去杠杆任务没有完成；互联网金融实际上已经将利率市场化推进完毕，现在主要是如何定义风险了。

（4）对经济的影响：如何利用存准率；给地方新税源，消费税下放，发债；激励供给主要在基建、国企改革和服务业放开。

问：日本和美国，为什么日本就失去了20年，而这一次美国就死灰复

燃了呢？这个决定性因素是什么？

答：所谓的2015年诅咒，主要是讲人口红利的，而人口红利这个诅咒对经济的下滑影响其实不是很大。它影响人力资源，中国现在这一点没有做好。中国其实整个人口量还是很大的，没有到那个诅咒应验的时候，而且现代经济增长逻辑，绝对不是说人口越多越好。现在主要是要提高效率，中国现在主要的问题在于人力培训，而不是人力资源。所以总的来讲，它只是人口红利单项的问题。对日本来说，它的减慢和中国的图形很像，但是它可能是减到3，而中国可能还是6。到20世纪90年代的时候，日本已经完全发展成熟了，而且它的情况是找不到增长点，所以它不创新不行了。它等了20年，实际上是重新调整要素供给结构。原来是比较优势，后来是从存量禀赋资源竞争。现在日本大量的数据表明，日本获诺贝尔奖的量有多大，它的科学革命的水平也上升得很快，所以它现在是另外一套东西。而美国是不可比拟的，它没有人口红利的事，它是全球移民。所以它说2050年，老化的中国、日本、欧洲，年轻的美国。创新都在美国，人力资源高度在美国聚集，风险资本高度聚集。创新第一要人，第二是要容忍失败。中国现在发展遇到特别大的问题就是在这里，不愿意有任何的失败，因为这些年太好太成功了。中国的风险承担能力是非常弱的。现在全球都说创新看美国，文化看南欧，制造看德国，德国现在是工人工程师化，在德国当工人和工程师是一个等级的。这些还是有特殊背景的，所以美国死灰复燃也是对的。

问：现在感觉越来越多的大型企业，包括一些企业家都在大力做海外的资产配置，把国内资产更多地变现。您对全球资产配置有没有什么好的建议？

答：从一般理论上来讲，大量的配置都属于避险性配置。包括李嘉诚投基础设施，其实他也是避险性配置，因为他对这个地方更熟悉。所以，如何配置更多的是看你的信息水平。

问：您如何看待人民币国际化的问题？

答：这个不值得特别探讨。因为日元已经放弃所谓的日元国际化思路了。人民币国际化之路还太远。另外，2013 年 10 月，美元、欧元、日元、英镑、瑞士法郎、加拿大元形成强势联盟，叫无限期无限量互换条款。这样的话，人民币的国际化之路基本上就更漫长了，自由兑换就很不错了，要真正完成国际化还很难。原来都以为经济危机之后，发达国家产出在世界的比重下降，而货币的比重还那么高，所以它要降下来。但是人家产值比重现在又开始慢慢上升，货币又变成了 6 国的联盟。这样的体系形成之后，人民币国际化之路已经非常渺茫了。

问：如果说我们的失业率没有大幅度上升，我们为什么要保持 7% 的增长率？是不是可以降到 6.5%？

答：中国一说要保 7、保 7.2，就说是为了就业。实际上不是这个问题，当前统计局没有公布过调查失业率，让人们如何观察失业问题。另外，从 2010 年后中国经济增长下滑，但求人倍率稳定在 1 以上，表现为招工难，这都说明增长与就业的传统逻辑发生了变化。我们说点本质的问题，是怕税收下滑。有一个著名的财政经验门槛值，如果经济增长超过 8%，财政收入是成倍增加的，一般财政收入是 16% ~18%。因为中国的税收是流转税，流转税过去主要是针对工业部门的，保 8 主要是保工业部门。在 7 和 8 之间，大致是税收和增长同步，这两年恰恰是这样的。如果说低于 7，财政收入是负增长，因为你通缩，工业部门减速，整个是负增长。而且你也不太进口东西，关税和关税加的增值税都要下降。所以要保住中央财政的重要任务是要有一定的速度。

问：您对短、中、长期的人民币汇率怎么判断？判断依据是什么？您也提到了人口红利的问题，大家基本上都认为2015年是人口红利的拐点，刚刚您提到2012年就出现拐点了。如果说拐点出现了，您认为对哪些行业影响会非常大？比如说人口红利对房地产行业带来什么样的影响？您怎么判断中国房价的走势？

答：汇率短期内虽然波动很大，但是包括你们大都一致认为人民币不会贬值，原因是人民币赖以生存的基础变量都没有变化。第一，制度没有变化，即盯死美元的基准制度没有变化，所以出现任何的波动，认为中央银行都可以把它恢复到合理水平，因为从制度上来讲就不是市场决定的。有3.8万亿元外汇储备的央行，再加上其特殊地位，人民银行是可以干预的。所以，短期内不存在真实的贬值因素。第二，看贸易和外汇储备。第三是利率，短期内美国要赶上中国还有难度，但是5年以上的，就可能有问题了。第四是信用，政府负债上也没有太大问题，所以信用也没有什么问题。这些因素都没有什么太大的问题，所以起码2014年中国汇率不应该跌。2015年人民币自由兑换之后，基于市场决定因素和利率决定因素，我认为有上下波动更大的预期，但是相对稳定也会稳定到2017年。具体到底波动多大的趋势我还真算不出来。核心变量都可以算出来，大家对未来的预期也是可以算出来的。人口红利，特别是人口总量停顿之后，城市间抢夺人口战是非常严峻的问题，因为当人口到顶之后，你这个城市人口多了，就意味着另外一个城市人口少了。这是很重大的关于人口往哪些地方集中的问题。我个人认为，向中心区域集中会成为一个更大的趋势，因为中心区域有更多的就业机会、更多的服务。对现在还自以为人口很多的地方来说，这些都是非常严重的问题。因为城市化最重要的是人的聚集，人一跑就什么都没了。停顿之后，人的问题成为我们关注城市化的核心问题。这是我的一点个人感受。

（2014年4月30日）

第73期陆家嘴金融家沙龙

当前经济金融风险及应对之策

汪 涛

汪涛，瑞银集团中国首席经济学家。

2015年除了改革之外，风险是一个绕不开的话题。如果仅仅去看GDP数据并不是那么糟糕，但在GDP数据之外可能也看到了比较多的风险信号。比如，如果用我们讲的“克强指数”来衡量的话，现在实体经济的指标是非常糟糕的，而且在过去十几年的高速增长过程中，特别是在4万亿元救市之后，我们确实积累了巨大的历史遗留问题，这些遗留问题可能正慢慢地开始显现、暴露出来，它们都需要我们去消化，如果处理不好，可能就是风险。再加上我们现在面临的比较深刻的经济转型，在这样的转型过程中，我们谈得比较多的是如何去杠杆、去产能，对这个问题如果处理不好的话，可能也是风险。所以，我认为这一系列的因素都提出了一些比较大的课题。当然，我们也看到央行的政策在调整，然而又有另外一种声音，担心降息、降准之后会延缓我们对经济结构的调整。怎么去看待改革与稳定这两者之间的关系，也是大家比较关心的。就此话题，瑞银集团中国首席经济学家汪涛女士将与大家分享她对经济金融形势的见解。

“房地产下行和通缩压力”是我对今年经济和金融形势挑战的一个简短解释。2015年经济金融最大的风险，我认为就在这两个方面：一方面是房地产下行，另一方面就是通缩压力。在这样的情况下，经济形势会怎么样？政策会怎么样去应对？还有什么样的风险？这是我们要预判的。

从经济形势来说，就不讲预测会怎么样了，直接进入本题，讲讲我对经济下行的最主要压力来源的一个想法。我在2014年春天做了一个比较详细的研究，是关于房地产的，当时我们觉得，中国的房地产已经进入一个供大于求的状态，出现了全面性的供大于求，但并不是说每个城市都有这样的情况，只是大部分地区出现了这样的情况，我们认为出现了一个结构性的调整，而且这一轮的调整——房地产的调整，跟过去几轮的调整有非常大的不同。在过去10年，也就是从2004—2014年，每两三年就有一个房地产周期，过去这个周期一般都是因为政府担心过热或者担心房地产泡沫，政府一刹车，房地产就下去了，然后，经济形势就变不同了，而政府一放手，房地产就又泡沫化了。但是，对自2014年开始的这一轮房地产周期，我们认为它跟以往不同，其中有一个很明显的不同就在于，它并不是因为政策突然对房地产打压造成的，而且我觉得这背后有更本质的不同，我们认为，主要是供求关系发生了变化，对房地产需求的基本面支持也发生了变化。

从供求关系上来说，当时提这个观点还是有相当多的人不太赞同。但是，我觉得经过一年房地产市场的发展，已经有更多人认识到了房地产市场的一些风险。比较偏乐观的人有一个经常引用的数据和判断，他们会说，因为我们的城镇化水平还比较低，我们的城镇化还在大发展，所以对住房的需求还是会很高，因此没有出现供大于求，而且还有很多地方是供不应求的，特别是一线城市，像上海、北京这样的地方，很多人会引用这样的数据来支撑自己的观点。他们还会说，我国每年新增城镇人口有2000万，平均每户人口不到三口人，这相当于有接近700万套房产的新增需求。我认为这样的说法是不科学的，为什么呢？因为每年新增人口2000万，现在已经到了1800万左右了，但这个人口是怎么测算的？它是统计局测算的城镇户籍和常住人口的数量和新增量，对这个数量，如果我们把它的组成部分细分一下，发现可以分出三大块来。

第一块，原来户籍人口的自然增长。

第二块，行政性的城镇化。比如说，以前的郊区现在变成了城市。比如，北京的顺义县现在变成了顺义区，那里原来的农村人一下就变成了城镇人。全国城市的发展就是城市越变越大，原来的农村都变成了城市。小镇因为人口增加变成小城市。虽然是“变身”了，但这是行政性的城镇化，这些人不是外来的，本来在那儿的，只不过原来是叫农村人，现在改叫城镇人了。这些人是不是需要新的房子呢？我认为，他们是不需要的。现在大量搞拆迁，而拆迁能力却变得越来越弱，现在假设已经拆迁了 2/3，创造了 2/3 的住房需求，原来的平房推倒了，盖楼房，还有 1/3 是不能推倒的。并不是每个被城镇化的人都需要新的房子。

第三块，流动人口。说到这部分人口，相信大家是可以在大城市里观察到他们住在哪里，很多人要么住在工地，要么租房。这些人里面真正买房的人应该是很少的。农业部还有流动人口调查，针对农民工的调查发现，其中买房人的占比不足 1%。即使统计不周全，假设买房的人有 10%，之后做一个调整，新增 2000 万人实际上带来的新增住房需求只有勉强超过 300 万套，并没有 700 万套那么多。

对住房来说，还有两块需求。其中一块是改善性需求，另一块是投资性需求。为什么大家愿意买房子？因为房价涨得快，过去 20 年炒股的话，赔得多，赚得少，买房子是肯定赚的，还有就是没有很多投资渠道。最近几年才有变化。过去很多年里，实际利率都是非常低的，把存款放在银行也不划算，房价涨得比较快，大家买房子的比较多，投资性的需求比较高。对这两大块需求，很难把握到底有多大的量。供给是多少呢？竣工面积是我们供给最小的口径，我们国家的房子是先开工，然后预售，然后再竣工的，所以竣工都要滞后于开工大概三四年。竣工面积在 2013 年就已经有11亿平方米，假设按100平方米左右为一套，大约1100万套。在这1100万套中，改善性需求有多少？这个我也不清楚，其中也包括旧城改造的、动迁的，老城政府要改造也创造了改善性需求。这个需求有多大？整体的改善性需求有多大？我其实也说不准，但是很多人跟我说，每年有五六百万套。接受这样的说法，五六百万套的改善性需求加300多万套的新增住房需求，也就是900万套左右，1100万套的竣工面积，1400万套的新开工，1200万~1300万套的销售，加起来还是比900万套的量大很多，过去有相当一部分被吸收为投资性需求，但现在投资性需求可能发生了很大的变化。

供给方面，总体城镇化的需求，过去10年基本非常稳定，并没有加速。从供给来看，10年前竣工的大概只有600万套，现在有1100万套；从总体开工来说，那时候只有四五百万套，后来变成了1400万套，这个量也是翻了两三倍。所以，这样的情况比起相对稳定的、所谓的刚性需求，口子拉得越来越大，也就是说有改善性需求的人越来越多，很多人要改善，但已经实现了改善性需求。投资性的住房，买的人不少，投资性的需求为什么发生变化了呢？过去三年，应该说出现了一个大现象，理财产品崛起了，市场变得非常大，理财产品的崛起基本上是从无到有，这三年之中，居民的金融资产转移，到了2014年，居民金融资产有接近16%是在理财产品之中的，而股市当时占有的居民财富也只有19%，也就是说居民金融资产接近整个股市的水平了，有了新的投资的东西了，不是只有房地产。此外，随着人民币的国际化，随着政府对资本账户管制的逐渐放松，出国也更加容易了，到处都是中国人在买房。我到国外去路演，人家都说包括美国中部那种我都没怎么听说过的城市，中国人排着队买房。我就想，这些人都特别聪明，我们这种在美国生活过、在金融行业工作过的人，也没有真正的投资人这么聪明，到这种地方排队买房，因为当地房价特别便宜。再有，房价出现了停滞，因为投资性买房就是看涨，除了像上海这种租房市场比较发达的地方，大部分城市的租金收益率其实是非常低的，所以它主要是看房价会涨。从2013年开始，虽然上海、北京的房价涨了10%，但是三线城市的很多房价出现了停滞和下降，其实两三年前就出现了，而这使得投资性买房出现了变化。还有一个就是利率的变化，2012年以前，10年平均的存款利率基本接近于0，有时候是负的，近几年的实际利率是正的。

还有一个层面，需求表面上表现得特别繁荣，因为过去有相当一部分需求是投资性需求，但是一旦支持投资性需求的经济和金融基本面发生变化，那一部分需求可能会出现比较大的波动，真正的刚性需求实际上是比较稳定的，并没有快速增长。改善性需求怎么办呢？很多人跟我说，每年有多少人要到城里来，他们原来住的房子小，需要改善，另外就是大家住的房子每年要增加多少平方米。我说每个人都想住更好、更大的房子，但是，你能不能实现改善性需求？要看你的收入能力，并不是说我想住大房子就是需求，我们要看的是有效需求。我认为，有效需求跟经济发展、工资增长有非常大的关系，如果遇到经济下行，会有更多的人去买房子吗？这个好像不太可能。从大的方面来说，除非有一些重大的政策性变化。从这个角度来说，新增房子的供应速度超过了新增房子的需求速度。

还有一个错配的问题，没到上海的想到上海来，在郊区的想到城里来，住小房子的想住进大房子里面去。过去几年，大量的新房子建在了三、四线城市，一线房子一直比较吃紧，三、四线城市并不是这样的情况，所以出现了这样的一个错配。此外，库存增加非常快，一线城市没有太多的库存，这也就是为什么一线城市的房价比较坚挺，三线城市的房价比较疲软。还有，我们整个建设的规模铺得非常大，虽然里面很多是烂尾楼，但还保留着这些数据，这个盘子会越来越大。我想说的一点是什么呢？不管它会不会成为有效供给，这个烂尾楼会不会建成，有一点是，它已经占用了资源，已经占用了土地，从银行贷了款，把这个钱都铺下去了，将来建成了楼，就成了库存，没建成楼，就成了坏账。所以，房地产过去10年的发展，确实积累了大量的问题在里边。我们当时就预测，2015年也这样预测，因为出现了供大于求，然后“求”的方面又出现了拐点，“供”肯定要进行相应的调整，开发商也不是傻子，肯定会削减投资，削减新开工的项目，赶快压缩库存，加速现金回流。其实，我们2014年看到的情况就是这样的，新开工项目下降了11%，2015年我们预测还会继续下降10%～15%。房地产开发商现在都在做什么呢？进军海外，进军别的行业。什么意思？作为一个企业，当它判定它的资本在中国的房地产行业已经赚不到像以前那么多的钱的时候，为了寻求更好的投资回报，要么投资海外房地产，要么投资其他行业，不管是电影院还是互联网，将资本分配到别的地方去，而不再继续投入到房地产中去。从这个角度来说，端倪已经出现了。我认为开发商肯定比我们知道更多的信息，尤其是供求情况。

房地产建设活动的下行会影响很多行业。在这里想说一下，房地产对咱们国家经济的影响，主要不是房价，主要通过建筑量来影响我们整体的经济。大家讨论房地产泡沫或者房地产的调整时都会说，房价会跌多少，我老实告诉大家，我不知道房价会跌多少。我认为，中国的房价不会跌太多，为什么呢？因为中国老百姓买房并没有出现零首付、5%的首付，大量购房者举债买房，一般都是放了自己的很多存款在里头，所以很难说去弃房、弃贷，因此不会出现像美国或其他一些国家那样大量在二手房市场抛售的现象，那样会加重库存、压低房价、加重市场负担，同时也会导致银行体系内坏账的增加，带来金融的动荡。像咱们国家这样的传导机制，我认为可能性是非常小的。为什么我说这个建筑量很重要呢？因为房地产作为一个产业链特别长的行业，它其实跟国民经济的各行各业都结合得特别紧密，尤其是重工业。比如，钢铁35%～40%都是在房地产，水泥也差不多，煤矿也间接跟房地产有关。化工、颜料、工程机械、家电、家具、交通、运煤、运铁、炼钢，这其中有很多都是跟房地产有关的，如果说房地产价格稳定，为了减少库存，开发商就会削减开工，也就是说投资会掉下来，建设规模会掉下来，是不是就会使市场对钢筋、水泥的需求掉下来了呢？钢筋、水泥这个行业不好了，因此大宗商品的价格也就下降了，矿山也就不好了，这都是连锁的反应，对中国经济来说，房地产主要是通过供给链对经济产生影响。虽然老百姓的负债并不多，但是企业的负债很多，地方政府的负债很多。如果企业，尤其是这些重工业、工矿业的需求大幅度下降，它的产品价格就会大幅下降，它的偿债能力就会大幅下降。如果整个建筑量下降，增速下降，比如说，从20%的增长率下降到10%，那么对GDP实际增长的影响有2.5个百分点。如果没有其他政策的支撑，经济肯定是硬着陆。我认为突然下降2.5个点就是硬着陆，我对其理解就是经济失速，下降过快，水平过低。

2014年，我们测算了一下房地产整体建设增速下降1.5个百分点。为什么GDP还能够维持在7个百分点以上呢？那是因为出了不少所谓的微刺激政策在支撑。2015年，对整个经济下行的压力会更大，为什么呢？因为整个建设规模是一个总量，新增的一年降了10%，另外一年再降15%，对规模的影响是累积的，2015年累积的影响会比较大。从另外一个角度来说，第二轮对工矿业的生产、投资的影响也会加大。中国一贯都很关注社会稳定，保持社会的稳定从来都是政府的第一要务，以前我们主要看就业，每年要新增多少城镇就业，保持失业率在什么水平，因此我们要刺激政策，我们要稳增长。从目前就业的角度来看，其实增速下滑并不会造成很大的压力，一是经济结构在缓慢地出现变化，第三产业的比重在增加；二是经济的体量在增加，每年两会的报告里头写的目标都是新增城镇就业人口900万或者1000万，是一个绝对数量，不是说增速。我们GDP的规模已经超过了2008年的50%以上，2008年的时候，经济增长10%，创造出多少新增就业？现在只要6个百分点多就能够实现了。此外，劳动力的供给也出现了一个变化，新加入劳动力就业大军的人数新增量是减少的，这样的供求比较起来，政府不需要为了增速下滑而担心就业和社会稳定问题。这就是为什么政府在稳增长的这一两年动作没有那么快，因为觉得就业情况还不错，整个劳动力市场还不错，所以没有太大的担心，可以容忍经济增速的下滑。我认为，增速下行对整个经济体系来说，其风险最大的地方应该是金融风险，而不是就业和社会风险。举一个大家所熟知的例子，现在大家都在讨论的一个金融风险，我们过去几年，尤其是 4 万亿元救市之后，杠杆增长非常快，所以我们现在整个债务占 GDP 的比重很高，在这样高杠杆、产能过剩的情况下，还要再刺激，再去增杠杆，那肯定是加大风险。但是我觉得我们还要考虑下行的风险，当你已经在高杠杆的情况下，如果你突然降杠杆，同样也会引起金融体系的不稳定，同样也会引来风险，因此，我们降杠杆的时候要把握平衡和分寸。现在为什么说金融风险很关键呢？首先，整体杠杆率在过去都升得很快，而且我认为还将继续快速上升，针对企业现金流低下的情况，还需要保增长，使你的实际利率攀升。其次，房地产是最大的下行压力，银行体系对房地产的风险敞口是 40% ~50%，甚至有可能超过这个数值范围。这不仅仅包括房贷和开发贷——银行贷款最直接的两个流向，同时还包含大量用房地产做抵押的贷款，以及一些地方政府的贷款、融资平台的贷款。此外，还有一些，比如说从影子银行借贷出去的贷款，其实有些也流向了房地产，还可以包括得更广。借给小钢铁厂的用来制造建筑材料的，房地产不行的话，钢铁产业是要关门的，这对银行来说，实际上也是对房地产的间接的风险敞口。再有，影子信贷的风险还是比较大的，地方政府债务要化解。这几个方面，我认为都使得 2015 年的经济形势中防范金融风险是最重要的，从政策的考虑上来说，是这样的。

房地产下行还有一个作用，即它会带来价格调整。中国是世界上大宗商品的最大消费国，而房地产就是大宗商品消费最大的去向，要是房地产不行了，大宗商品的价格就要进行深度调整，当然这个调整不仅仅是由我们引起的，还有供给方面的原因。比如说，澳大利亚大量增加了铁矿石的供应，就像沙特阿拉伯坚持石油不减产一样，会导致供大于求的局面，是想把高成本的生产商都挤出去的节奏。因为澳大利亚的生产成本是非常低的，价格也压得非常低，价格低对下游来说有一定的好处。但是别忘了我们也是大宗商品的生产大国，比如铁矿石，我们平时是一半自己产，一半靠进口，现在基本上 80% 靠进口。为什么呢？因为我们是高成本的生产商，那些矿产生产商已经活不下去了，已经关门了。所以会引起价格的调整，这个价格的调整不见得都是坏事，但是对很多企业来说，它也不见得是好事，尤其是与上游、中游的一些企业比较的时候。房地产的下行包括两个方面：一是大宗商品价格的下行，二是它使得很多行业的产能过剩更加集中地暴露出来。你原来说钢铁、水泥好像有点过剩，现在突然发现它们很过剩，因为房地产不行了，它当然进一步压低价格，所以我们现在的 PPI、工业产品价格连续三年下降，这有各种各样的原因，房地产形势不好是一个相当重要的原因。

价格下行是指名义 GDP 的下行，比实际 GDP 的下行更为剧烈。也就是说，企业的销售收入、利润、现金流的下行要远远大于其所谓的实际工业增加值，或者大于实际 GDP 的下行。很多人问，为什么 GDP 是 7%，但是企业好像特难受？因为企业现金流是按 15% ~20% 增长，GDP 并不反映企业真实现金流的情况。还有一个很重要的方面，它的债务、名义利率基本没变，你原来的现金收入——你的销售收入的现金流按 15% ~20% 增长，7% 的利率没问题，但现在只有 3% 的增长了，此时 7% 的利率负担就非常沉重了。所以，房地产下行也加剧了通缩的压力，这两方面是目前金融风险需要特别关注的。

那么，如何降低风险？我讲一下政策应对。既然是经济下行，通缩压力，是不是该稳增长？我觉得，倒不见得有那么大的必要性去稳增长。刚才讲到，就业的增长要比较稳定，也是需要的，但并不是说一切都是为了稳增长，一切都是为了稳金融，要考虑整体宏观层面的稳定性。这里的降风险有一个比较重要的点是要保持流动性的稳定，流动性包括两个层面：一个是市场上的流动性，另一个是经济里的流动性。市场上的流动性用银行间的市场判断，经济里的流动性主要用信贷总量、信用总量判断。就拿银行间的流动性来说，大家都说，央行在降准、在宽松，似乎没用，为什么没用？因为做的东西都是在抵消资本外流，而且抵消得还不够，所以它虽然是在放松，但是没有宽松，货币条件仍然是缩紧的。2014 年做了那么多动作，都加起来，全年的净投放也只是略低于降准，外汇占款下降都超过这个数字，不过这是很容易解释的，为什么虽然好像放松了，但是并没有什么效果，这个像逆水行舟，不进则退，进的不快也退。今年，我们认为资本流动仍然会有大量的流出，央行仍然需要用降准等手段来保持流动性的稳定，并不是说一定要拼命放水，要保持稳定。我们判断，假设 2015 年新增外汇储备 1000 亿美元，那么要想保持稳定的话，就要实现 M2 12% 的增速目标，而要想保证基础货币投放量一定的增长，2015 年降准就需要 3 ~4 次，可能它不会全部用降准来实现，可能用两三次降准，再加上其他投资手段。我想解释一下，逻辑在这儿，你是在做对冲，因为以前当外汇储备大量增加的时候，中国人民银行行长周小川也说过，我们不是被动地释放流动性，这好比我们修了一个蓄水池，把这个水蓄起来了，过去是蓄水，但现在正好不是流入，而是大量流出的时候，你就要做相反的操作。统计每个月的净投入，可以看出来，全年的量并不太大，当然上半年是净回收，下半年是净投入，风向有改变，转变就发生在 9 月份，之后，就是备受大家关注的市场为什么火爆起来，因为大家确实看到了流动性的放松。

为什么银行间的利率比较重要呢？因为它会直接影响票据利率，影响债券利率，票据和债券约占整体信用的 1/3，另外的 2/3 左右则来自银行贷款，所以银行间的利率影响的是这 1/3 左右。虽然只有 1/3 上下，但也是很重要的，如果能够降低融资成本，也应该通过降低银行间的利率来实现。再一个，有必要进一步通过降息来降低实际融资成本。这些年虽然有降息，但实际利率是往上升的。从 2012 年开始上升很快以后，最近尤其是自 2014 年第四季度以来，它还在继续攀升。此外，从 2008 年以来，债务杠杆上升非常快，导致利息成本也上升得非常快，加权平均利率——即使只包括银行贷款、债券和影子银行方面的影响，我们算了一下，大概也有 7%。债务率到底有多少呢？我想，大部分人都认同债务率在 200% 以上，社会融资接近 250% 了。但是我假设，这里有一些是被重复计算了的，即使是这样，超过 200% 这个大数应该是绝大多数人都可以接受的。也就是说，你现在每年要付息的成本就超过了 GDP 的 14%。以往你付息的成本是低于 10% 的，没问题，因为那时名义 GDP 的增长为 8% ~15%，可是现在 7% 可能都达不到，第一季度应该都没有这么多，但是 15% 要去交息。因此，可以看出来，企业也好，地方政府也好，社会实体经济被债务负担压得非常重。这个时候为什么降息很重要呢？降息倒不是为了鼓励企业借钱。对于钱流到什么地方去了，大家都在讨论。但这是流量，我考虑的是存量，200% 多以什么成本还债。虽然说存量，但是你每年有 1/4 ~1/3 要重新蓄，要重新定价，降息了以后要把这个拉低下来，因此现在这个方面做得远远不够，应该要加大力度降息，把成本降下来。但是，这样拉低下来之后是不是有很多争论？很多低效的企业、国有企业、地方政府占用了大量的信用资源，中小企业也拿不到钱，并不有助于调结构。对此，我的回应是，不要指望货币政策帮你们调结构。这些低效企业要不要让它们存在，主要是预算约束的问题，政府允不允许它们破产，打破刚性兑付，这个是很重要的。我认为，理论上很美好，现实好像是比较严酷的，并不是说通过市场价格就可以把国企和地方政府挤出去，更多的是要靠结构性改革和政府的一个配套改革措施才能解决。现在考虑的应该是怎么软着陆，怎么把风险有控制地、有序地降下来。我认为，在中国有能力把成本降下来的情况下，应该把成本降下来，我认为降息是非常有必要的。

通缩压力加剧，这已经讲到了，实际上2014年我国CPI（居民消费价格指数）同比上涨2%，我都怀疑有那么高吗？2015年，我们判断CPI同比上涨将在1.2%左右，比2014年要低很多。这其中还是有一部分原因是我们的价格改革，是水价、铁路运输价格、气价都往上涨之后，CPI才达到这个水平，如果没有它们的上涨，CPI会更低。对于工业行业来说，早就已经通缩了，工业产品价格都是在下降的。再强调一点，高债务的情况下，通缩压力加剧，最重要的、最让人担心的是债务负担问题。

存量债务问题不要管流量。降息了以后，是不是必然会出现信贷增长加快？我认为不必然。大家都清楚，我们国家的存贷是有数量控制的，有额度，有贷存比，有窗口指导可以把量控制住，同时再把价格降下来，这是可以做到的。我也同意从流量的数据来说，不用大量增加信贷，我认为动用货币政策对稳增长的效果非常有限。企业面临什么情况？高负债，最终产品需求低下，利润低下，产能过剩。在这种情况下，你借给它钱，它真的愿意大幅度扩大产能吗？我相信企业，包括国企在内，只要还是能采取比较理性的商业行为的话，就不愿意再去增加投资了。因此，不要指望货币政策能够刺激投资。现在要稳增长，我认为，你要稳增长就让财政拿钱出来，还是要加快改革，然后你出台新房地产政策来做，这些都可以，但不要指望货币政策，并不是说货币政策一定没用，只不过是说，它的作用仅限于控制金融风险，降低融资成本。

政府债务重组，大家最近关注到了地方政府，说财政部拨了1万亿元的额度给地方政府置换。这里应该是指审计署审计过以后，甄别过以后，地方政府负有直接偿还责任的这部分债务，以后要纳入预算管理的这部分债务，可以置换，可以借新的债券，以用来还银行贷款这样一个方式。简单来说，我认为这个置换是非常有必要的，应该大规模去做，并不需要央行来参与。有一些媒体报道说，央行来做，又是QE的。我觉得这是一个误解，这个置换并不是增加新债，置换主要是降低成本，因为地方政府如果到银行去借的话，平均的贷款利率至少也是6.5%，可能是7%。但如果发债的话，现在城投债的收益率比较低，假设它有4%以上的话，就可以省2%左右的利息收入。如果是3~5年的贷款，发7~10年的债券，期限也可以延长，偿还本金的压力也可以被减弱下来。所以，对地方政府来说，这是减轻它的压力和债务负担的；而且，我认为这对银行也是有好处的。为什么呢？银行拿着这么多的钱，你假设地方政府能还得起，其实根本还不起，很多现在的新增信贷，其中有相当一部分需要拿来还利息，还回来了，又回到了银行体系。再拿地方政府说，到底有多少地方政府有足够的现金流拿来还利息呢？我认为是非常少的，可能一半也不到，为什么呢？因为它们本身就是在建长期项目，没有什么现金流，可能也有相当一部分的企业是没有钱来还利息的，就是说它们需要去借钱还利息。所以，新增信贷就利滚利，被这样滚上来，因而，干脆就对其进行重组，来降低成本。对银行来说，我觉得可以降低它的风险，降低它的尾部风险，降低坏账风险。同时，将银行持有的贷款等资产，变成持有债券，而且是政府债券，这样可以节省资本金。为什么呢？因为贷款的风险权重是100%，而政府债券的风险权重是20%，风险程度会降低，资本充足率相应会提高，可以节省存贷比。贷款是要计入存贷比的，而债券是不用计入存贷比的，它归入投资收益下，因此其相应的流动性相当于是会增加的，可以腾出更多的资源去做信贷，这就是盘活存量的一种方式，所以我认为应该更大面积地做。虽然1万亿元可以放到市场上去发，但是要做个5万亿元，再拿到市场上去发就不行了，毕竟市场就那么大的容量。你如果要发，肯定把收益率推高了，我觉得应该直接跟银行谈，定向发给它，让它来做。当然，银行要明白其中的利弊，要说服它，为什么7%现在变成4%了。实际上，你在市场上发，谁去买呢？最后买的大头肯定也都是银行，因为流动性就在它那儿。但是如果你在市场上发，又怕推高债券收益率的话，就只能通过央行放水来做，这样实际上是把整个杠杆率扩大了，如果想避免这样一个过程——等它还了债，央行又得回收，可以做定向，直接去置换。当然这个可能需要对各方利益进行协调，总体来说，我的一个观点就是进行债务重组。减轻负担是降低风险很重要的途径，我只说了地方政府，其实企业也需要债务重组，企业债务重组就比较复杂，其中有一部分是需要核销的，已经是坏账了的就需要核销。20 世纪 90 年代末，我们成立了第一批资产管理公司，现在已有 10 个地方政府允许成立地方的债务资产管理公司。但是，其中所需的资本金怎么来？有多大的量去剥离坏账？已经宣告破产的企业怎么让它破产？怎么让它关闭？怎么安置职工？这里还是有相当多的挑战的。

再讲一下稳增长方面的措施。一个是加大对基础设施的投资和公共服务的支出。现在还是用这条，不过侧重可能有一些不同，比如变成铁路、公共交通、新能源、环保、水利、医保、医疗服务、公共事业、物流等行业，不再是传统的“铁、公、基”了，至少“公”和“基”的量比较少了，这条措施还应该继续做。另一个是加快有利于增长的改革，我看到两会里面也报道出来，包括户籍的改革、社保体系的改革，包括养老保险、医疗保险，以及大病医疗的推出，在更广的范围内推出。还有价格的调整，比如交通服务费用等。之所以这样做，也是想通过价格的调整，吸收更多企业的社会资金进入到这些行业去做投资。比如，污水处理、水供应、环保项目、医疗等。你让人家进来肯定得让人家觉得能赚钱，这样人家才愿意进来，至少得不亏本吧，要让人家来亏本，肯定没有人愿意。所以我觉得，这个方面一定会比较快地推出一些改革举措，对此我是比较看好的。简政放权，简单来说，就是要降低准入标准，减少行政审批。农村土地改革的方面，我认为进展相对来说并不会那么快，这方面牵涉的利益面非常广，很难达成共识，怎么做，往哪个方面走，更多是靠扩大示范，不会马上推出。

在放松房地产政策方面也应该有很多的争论，因为历来如此。我们过去10年好像总是在强调怎么调控房地产，怎么把价格压下去，而且政府老是被诟病房地产不行了，好像政府要出来埋单似的，政府还是有一点顾忌，不要马上进入房地产，要保持健康发展。我也认同这样的观点。我认为，房地产行业已经出现了一个结构性的拐点，政府想把它再做成一个泡沫也做不起来了，而且政府也不会想着再去做一个泡沫，所以我认同这个稳健发展的趋势。不过，这个行业的调整在别的国家，一旦出现拐点，它的新开工和新建设的下滑都是非常迅速的，不是像我们国家这样一点一点地来的。我刚才的预测，2014 年下降 10%，2015 年再降 10% ~15%，特别平滑，而别的国家一下就下滑 30% ~40%。为了实现这样平稳的调整，政府可以适度放松房地产政策，现在的首付标准仍然非常高，从宏观、审慎的角度出发，并不需要那么高（首套 30%，二套 60% ~70%）。将首套降到 20%，将二套降到 30% ~40%，其实就够了。大家认为这个政策有用吗？大家都是买涨不买跌的，你说有用处吗？这也是一个疑问，介绍一下我们瑞银做的一项调查。我们自己有一个团队，在中国差不多 20 个城市，其中一线、二线、三线的城市都有，随机抽样地进行居民调查，最后有接近 3800 份有效问卷。这是关于房地产方面的一次很详细、深入的调查，其中有很多结果很有意思。我拿几个向大家介绍一下。老百姓买房的意愿令人出乎意料，仍然比较强，大家还是愿意买房。我们这个调查是在 1 月份做的，还有 30% 以上的人说要在近期买房。认为房价会涨和认为房价不涨、下跌的人各有多少呢？各有 1/3。大部分人仍然是靠按揭作为买房的一个主要的融资来源，也就是对按揭的依赖度比较高。阻碍他马上买房的最大理由是什么呢？40% 的人认为是房价太高，买不起。那为什么想买房呢？最重要的理由，怕政策变了，房价又涨了。这个可以看出来，有一点矛盾在里面，绝大多数人，不管在一线、二线城市，还是在三线城市，大家能够支付的、想买的房子的总价款在 200 万元左右。据此，可以得出一个政策判断，既然老百姓买房的意愿比较强烈，大家又觉得房价太贵，又依靠按揭融资，那么降低首付就能支持这些能够买得起房的人去买房。所以，我觉得这个政策应该是有一定作用的。但是，我又跟大家讲，这里面有一点矛盾的地方，大家买房是因为怕房子涨价，如果房价跌了15%，我就去买，这是最引人注目的回复。大家买房又怕房价涨价，希望降了再买，这是有矛盾的，如果真的降了，是不是就不会买了呢？大家认为，房价还会涨，因为根据过去20年的经验房价还是会涨的，如果房价真的跌了一年、两年的话，这种预期是会改变的。政府要出台支持房地产的政策，应该在预期还未完全改变的时候去做，等预期发生了改变，再去做的话，影响和效果就会有限，这是从我们这个调查里面得出的结论。我认为，是要降低首付，根据我的判断和预测，不久的将来就会开始出现降低首付这样的政策，因为我想政府也非常清楚房地产对整个经济格局的重要性，它也不想让房地产完全垮下来，肯定要支持它比较平稳健康地调整。

鼓励更多地方政府买现成的房作为保障性房源，这应该说是适度利好，并不是特别大的利好。我刚才说了，房地产最重要的方面是建设量，如果买了房子不建，那就没有新增的量，这有利于消化现有库存，使房地产市场有一定的好转，对开发商来说是一个利好；但是对大宗商品来说，这并不是太大的利好。货币信贷政策刚才已经说了，我觉得其作用相对有限，货币政策的作用主要是控制金融风险。出口复苏和油价走低对2015年来讲是一个正面的作用，出口方面应该说美国经济还在稳步复苏。欧洲欧元区的经济，瑞银最近刚上调了一下我们对欧洲经济的预测，2015年上调了0.4个百分点，2016年也上调了0.4个百分点，这是我自己的判断。对一个相对来说出口增长型的地区，汇率贬值了20%以上，对出口而言相对有一定的好处，尤其是对处于中心的国家，比如说德国来说。因此，我觉得欧洲和美国经济比2014年好，这一点应该能帮助我们的出口。油价下降，对我们的经济增长也有一定的正面作用，但是正面作用并没有那么大。油价一桶下跌 50 美元的话，我们能节省 1000 多亿美元的进口成本，相当于 GDP 的 1. 1 个百分点。有人因此推断出，对我们 GDP 有 1. 1 个百分点的正面作用。我觉得这个不太科学，节省的钱确实是节省了，但是你假设它对 GDP 的正面作用是有一个前提的，那就是得假设这个节省下来的钱全部都被花出去了，都被用来扩大生产和消费去了。为什么说这个作用非常小？我们石油的消费大部分是企业消费，不是居民消费，我们国家的柴油消费远远大于汽油消费。简单来说，主要是工业和运输业的消费，不是老百姓的消费，而企业在节省了进口成本以后，赶上现在的这个情况，你觉得它会拿这个钱去投资吗？我觉得就像我刚才说的，降息也不见得会带来投资，它面临的是产能过剩，利润率低，负债成本高，节省的钱是要拿来还债、生存，并不会带来大量的投资。我们也是全世界前五位的油气生产大国，油价下跌，我们中石油、中石化的投资成本也会有所调整，油价下跌对企业的利润率有帮助，但是对它的生产和投资不会有那么大的促进。还有消费，大家知道，因为我们也加了消费税，所以油价下跌 50 美元，老百姓享受到的只有 20 多美元的下跌，有一半是被消费税给截流了。节省了百分之二十几是不是节省了，比如说开车节省 20 块钱，这 20 块钱是不是全花掉了？这也不会，所以有一个储蓄倾向、消费倾向在里面。我们总结，大概对 GDP 的正面影响只有 0. 2 个或 0. 3 个百分点，根本没有 1 个百分点这么多。在我们 GDP 数据有相当大的误差的情况下，我是基本把它忽略不计的，只是影响下行风险稍微小一点而已，我不会因此改变对中国 GDP 的判断，可能刚才也没告诉大家，我们对 2015 年 GDP 的预测是 6. 8 个百分点，这个预测是我们 2014 年就做过的，一直没有调整，这是一个基本的判断。2015 年，想保 7 个百分点的话，非常困难，使出浑身解数也是勉勉强强，基本就是这样的判断。

固定资产投资方面，也有人问我，是不是财政比较紧，所以经济不行。我说财政好像没有特别松，但是从以前两个月的固定资产投资来说，基础设施投资涨了20%多一点，好像也没看出财政紧了，很可能是从2014年年底中长期信贷增长里面流出来了，在地方政府要甄别债务之前，先搭最后一班车，已经借了钱，已经在做了。从这个角度来说，我不觉得是目前财政紧导致的。2015年另外一个很多人担心和关心的问题，会不会出现财政过紧或者财政悬崖的现象？尤其是“43号文”，即《国务院关于加强地方政府性债务管理的意见》（〔2014〕43号）出来之后，很多人担心，“43号文”规范了地方政府的发债行为之后，就没钱做投资了。2015年房地产不行，土地租让收入会减少，发债又受限制，地方政府拿什么搞建设呢？所以，这会造成经济下行，是非常令人担心的问题。地方政府土地出让下行是一个大概率事件，在2015年的预算里面，基金收益的预算假设土地出让收入下降不到10%，只有5个百分点多，这个我觉得过于乐观。我假设地方政府2015年的卖地收入下降1/3或者30%，按目前的情况来看，前两个月的卖地收入下降非常快，已经可以看出一些端倪，但是收入的减少并不直接等同于一个融资缺口，为什么呢？地方政府卖地收入中有50%以上作为土地有关的支出了。比如说拆迁、一级土地开发，如果没有卖出土地的话，这一块支出肯定也就没有了。所以，这个缺口并不是说我少卖了1万亿元，我就需要再去筹1万亿元。

“43号文”中提出的PPP（公司合作模式，Public - Private - Partnership，即政府和社会资本合作），我对此没有很多人那么乐观。财政改革，从主要的大框架来说，就是硬化地方政府的预算约束，规范它的行为，使它不做那么多。通过“43号文”就能够把这个硬化了吗？没有那么容易，因此在执行过程中会打很大的折扣，所以我并不觉得会造成财政悬崖。大家最近可能已经看到报纸上所报道的地方政府在各出奇招，在做城镇发展基金，做各种各样的，包括PPP，最后很多做融资平台的公司摇身一变成了PPP的主体，堵住了一部分，但是大部分堵住不是财政部一纸公文能够实现的。对于PPP到底怎么做，仍有相当多的不确定性。从全年来看，政府一旦发现问题，从中央一级的两会上可以看出来，稳增长的决心还是比较明显的，不会放任自己把自己给掐死了，自己给自己一个悬崖，连美国政府最后也没敢这么做，我觉得中国政府也不会，中国政府还是比较务实的。

接下来，再谈一下汇率问题和人民币国际化的问题。周小川行长宣布，说2015年有可能就实现，2015年是“十二五”规划的最后一年，当年“十二五”规划里面也说了，要实现资本项目基本可兑换，使利率市场化基本完成。从资本项目、汇率这个角度来说，我们的预测是2015年人民币只有小幅贬值，兑美元时不存在大幅贬值的基本面和政治方向的考虑，也不允许大幅的贬值。其实从一个经济的层面来看，作为一个分析经济的人来说，我认为人民币应该贬得多一些，在过去七八年，人民币实际印制超过了30%，很多国家都出现了这样的情况。目前美元特别强劲，对所有货币基本都在升值，在这样的情况下，我们跟着美元走，只会使自己的竞争力丧失得越来越多，在整个国内经济特别疲弱的情况下，我们需要足够的帮助，帮助我们稳定经济的情况。由此，我个人认为，人民币可以更多地贬值。但是，我为什么认为不会出现这样的贬值呢？我们有一个衰退性的顺差增长，我们的经济，尤其是房地产不行，因而大宗商品的价格就下来了，降40%或50%，石油就节省了1000多亿美元，再加上别的，我们贸易的顺差大幅度增长，在这样的增长幅度下，再贬值的话说不过去，基本面和政治上都说不过去。此外，还有一些在危机边缘挣扎的其他国家在看着，你怎么贬值呢？再加上美国一直压迫人民币升值，有这个方面的考虑，还有一个是流动性方面的考虑，担心贬值会不会造成更多的资本外流，引起流动性不稳定，我认为这不应该成为特别主要的原因，因为蓄水池那么多，其实是可以调节的，但它也有可能是一个原因。不过，还有更重要的一个原因，这个原因之所以重要，并不是因为经济上的重要性，可能是战略或者政治上的重要性。2015年政府已经决定申请，并且努力加入特别提款权，我以前在IMF工作多年，这个根本不重要，IMF的很多人都不知道，到底怎么回事，现在变成好像是一个非常重要的东西，就拿特别提款权、四种货币来说，从来也没有考虑过说有另外一种货币要加入的，原来是五种，后来因为欧元成立，把德国马克和法国法郎给替代了，就变成了四种，对此没有过争议。没有说应不应该考虑哪一种货币，虽然每年都会评估一次，说怎么调整这个，2015年的调整就有一个重要的议题，要不要考虑接纳人民币，人民币有可能，既不是说遥不可及，也不是说铁板钉钉，只要可能实现的，我们政府就争取一下。它首先需要70%的董事会成员同意，美国没有否决权，条件是你这个国家的经济——尤其是贸易占足够大的量，这个我们没问题，我们不是老大就是老二了，还有就是货币可以自由使用，并不是说资本项目可兑换。1969年，成立特别提款权的时候，大部分国家都有资本管制，所以没有这个条款，但是什么叫可以自由使用呢？是不是就是说，在一些投资上可以自由使用呢？这就成了资本账户的管制问题了。从这个角度出发，2015年为了争取大部分国家的同意，尤其是不要把美国搞得跟我们作对，找一帮人反对我们，所以在汇率上可能要有所妥协，也就是说我们汇率不会让它贬很多。会加快资本项目开放的一些改革举措，周行长也已经说了。因此从汇率这个角度来说，我觉得2015年的政策目标是更多往这方面考虑，而不是怎么支持国内的经济发展。很多海外客户都说，人民币肯定会出现大幅贬值，别的国家的货币都在贬，你一个国家的货币扛着干吗，你已经出现了资本外流，你又放开资本管制，那不是更多的资本外流吗？我说不会，我们还是有控制，央行让它贬了一段时间之后不断把中间价往上提，这是很明显的信号，会维持人民币的稳定，不会让它趋势性地下跌和上涨，肯定会有一个稳定，加大浮动的一些程度，所以这是我对人民币和特别提款权的看法。

从金融风险来说，我认为加速资本项目开放肯定会加大金融风险，一个是加大流动性风险，另一个是加大对银行体系风险的影响。我很赞同开放，不反对开放，但是我认为，时间、时机和速度要掌握得非常好，这是我一贯的观点，尤其是在 IMF、在很多危机国家、很多危机项目中工作过以后。基本上，资本项目越开放，危机程度会越深，越会出现这样的情况，当然国内的政治是主因，而且肯定也是加速器。为什么说是流动性的影响？2015 年是国外环境非常复杂的一年，首先是美联储预计将要加息，实际上市场现在有很大的分歧，对于到底什么时候开始加，加多快，有相当大的分歧。这次美联储在会议之后修改了它的预期，大家特别激动，说它要把“耐心”这两个字去掉，果然去掉了，但是加了别的东西，市场反应有点反复，开始新一轮的加息以后，过去历史上来看，一般它加息的速度都要快于市场的预期，这是过去的历史，会不会重演，我们不知道，一旦快于市场预期，市场出现问题就会出现大的动荡。还有欧元区的希腊会不会离开，离开之后欧元区会不会采取更大的量宽，还有其他资本市场的原因，资金可能会流出新兴市场。在有这样很大不确定性的环境下，国内面临着通缩的压力，资本开始往外流，国外环境出现比较大的变化，有时候流出、流入的波动会比较大，比较动荡，突然一个月比较多，突然一个月回来，流动性上增加了难度。这并不是说我们管不了，是可以管的，有蓄水池，央行可以做。从过去一两年的历史来看，央行的管理我觉得不是无缝对接的，不是说出多少就马上放多少，使得利率平稳，利率经常出现波动。春节之后一个多月，利率都在比较高的位置徘徊，而且在放水，放水放得不够，没有考虑到资本流出量的问题。我就是担心它不会这么平稳而及时地应对流动性的波动性增加，造成国内一些流动性风险，这是我认为的 2015 年的风险。

刚才讲了比较悲观的图景，房地产下行，金融风险上升，我一般跟国外投资者讲，国外投资者都会说中国会出现金融危机、系统性风险。我说慢点，没有到那个程度，因为我们高储蓄，我们的资本项目基本还是管制的，我们钱都烂在锅里，钱都在国内系统里面弄来弄去。虽然我们可能有更多的坏账，但是我们有流动性，市场看空我们银行也没关系，我们银行不会有流动性的风险，不会有大的系统性风险，这是资本项目的管制，也就是高储蓄留在系统内，这是银行体系内不会出大风险一个比较好的保护墙。如果现在真的扩大资本账户流动，如果管理得不是很恰当，会不会就动摇这一保护墙？这是我比较担心的中长期的金融风险。

（2015 年 3 月 26 日）

中国经济如何确立“新常态”

吴敬琏

吴敬琏，中欧国际工商学院宝钢经济学教席教授，国务院发展研究中心研究员，“中国经济50人论坛”学术委员会荣誉委员，《比较》辑刊、《洪范评论》主编，中国社会科学院研究生院、北京大学教授。曾任国家信息化专家咨询委员会副主任、国家规划专家委员会副主任、国务院深化医药卫生体制改革工作领导小组专家咨询委员会委员。还曾任国务院发展研究中心常务干事、国务院经济体制改革方案办公室副主任、第8届全国政协委员、第9届和第10届全国政协常委兼经济委员会副主任、第25届和第26届（2002—2008年）国际经济学会（International Economic Association，IEA）执行委员会委员。曾在1984年、1986年、1988年、1990年和1992年五次获得“孙冶方奖”，2003年获国际管理学会（IAM）“杰出成就奖”，2005年荣获首届“中国经济学奖杰出贡献奖”，2011年当选为国际经济学会（IEA）荣誉主席。主要著作有《何处寻求大智慧》《十年纷纭话股市》《计划经济还是市场经济》《呼唤法治的市场经济》《当代中国经济改革》《中国增长模式抉择》《重启改革议程》《直面大转型时代》等。

当下经济形势的特点是，旧常态已经不能维持，新常态又还没有确立。要确立符合我们希望的新常态，关键要在稳住大局的条件下锐意改革，优化结构，提高效率。一句话，实现经济发展方式转型。

一、旧常态已不能维持

所谓中国经济的旧常态，是指海量投资和高额出口推动下的高速度增长这样一种维持了相当长时期的经济态势。在 2009 年 4 万亿投资和 10 万亿贷款的强刺激下，中国经济曾经维持过两个季度的 10% 以上的 GDP 增长，然后就掉头向下。近几年，每年政府都会出台一些保增长的刺激措施，但 GDP 增长率仍然一路下行。2011—2014 年，GDP 增速分别是 9.2%、7.8%、7.7%、7.4%。2015 年第一季度进一步降到 7.0%。这意味着靠海量投资和净出口驱动高增长的旧常态无法维持，已经是一个既成的事实。

为什么旧常态难以维持？对这一问题有两种分析方法。

其中一种是用消费、投资、出口“三驾马车”的拉力不足来解释为什么经济增速下行。“三驾马车”分析法实际上是凯恩斯主义短期分析框架的变形。按照凯恩斯的理论，供给总量的增长速度是由需求总量的状况决定的。在遇到需求不足、经济出现周期性衰退的时候，就运用扩张性的财政政策和货币政策来提振需求和保持增长。不过，凯恩斯主义的理论和政策所针对的是经济学所说的短期经济问题。凯恩斯并不避讳这一点，他在回应新自由主义的批评时说：“长期来说我们都死了（In the long run，we are all dead）。”就是说，从长期看市场经济会经过波动自动实现平衡。但是，如果不采取救助措施，在短期内造成的损失太大。这就好比洪水早晚是会退的，但是在短期内还是要采取抗险堵口等措施，否则等洪水退去时，人早已淹死了。

现在有一种趋势，就是依据凯恩斯主义的短期分析框架来分析中国的长期经济问题。“三驾马车”的拉力大小决定经济增长速度的高低，在中国俨然成为经济学定理。应对增长率下降的办法，就是用扩张性的宏观经济政策进行刺激。结果造成了货币超发，企业和政府都债台高筑，蕴含着所谓“国民资产负债表衰退”的系统性风险。在我看来，即使认为凯恩斯主义的理论完全正确，用它来分析长期经济问题也是对它的误用。

对于如何分析中国经济增长的前景，我和钱颖一、青木昌彦、余永定等学者的认识相同，不应当从需求方面的因素分析，而应当从供给方面的因素进行分析。这种分析是在罗伯特·索洛改写过的生产函数的基础上进行的。在过去，人们普遍认为产出只由劳动力和资本这两个因素决定。索洛在1956年发表了一篇论文，他指出，根据美国20世纪前49年的数据可以看出，把劳动力和资本这两个增长的来源剔除以后，还剩下一个余值（索洛余值A）。他把这个余值定义为技术进步，也就是全要素生产率（TFP）的提高。索洛的生产函数表明经济增长由新增劳动力、新增资本（投资）和效率（TFP）提高这三个因素决定。

中国经济现在面临问题的根源在于经济增长方式存在缺陷，即经济增长主要靠投资支撑。投资率过高意味着消费率过低，最终需求不足。为弥补消费需求的不足，日本在第二次世界大战后采取了出口导向政策，用低估本国货币汇率等办法来促进出口、抑制进口，扩大净出口。中国也采用了这一办法，特别是1994年外汇改革以后，进出口外贸盈余大量增加，支持了产能的迅速提高。但是，日本和东亚国家的经验表明，出口导向政策的长期使用也会有很大的副作用，甚至带来极其严重的后果。到21世纪，特别是2008年全球金融危机发生以后，中国出口导向政策的调整已经成为一件事所必至的事情。

改革开放前，效率提高对于中国经济增长的贡献很小。改革开放以后效率有了很大提高，主要是两个来源：一是结构改变，例如以前城乡是隔绝的，资源无法流动。改革开放后，劳动力市场和土地市场打通，过去低效使用的劳动力和土地流向城市，得到较高效率的利用。二是对外开放。通过购买外国设备、学习外国技术，生产效率迅速提升。此外，人口红利也是增长率提高的重要因素。

到 2006 年左右，以上这些支撑高速度增长的因素出现明显衰减。

首先，随着城市化进入后期，从产业结构变化带来的红利逐渐减少。其次，随着中国生产技术水平与外国差距的缩小，用购买外国设备和引进国外先进技术的办法提高本国技术水平的空间也大大收窄。此时，蔡昉教授提出农村富余劳动力向城市非农产业转移的刘易斯拐点已经出现。当时许多人不以为然。现在大家都同意他的这个判断：农村剩余劳动力无限供应的红利也已消失了。

这样，从 21 世纪初期起，中国经济的潜在增长率开始降低。要维持原来的经济增速，只能越来越依靠投资拉动。这样，只能靠负债，包括发行钞票、寅吃卯粮的办法来筹集资金。到 2010 年左右，这个问题已相当严重，最集中表现就是国民资产负债表的杠杆率自 2009 年以来急剧上升，尤其是地方政府和企业部门的杠杆率上升得很快。过高的杠杆率增加了发生系统性风险的可能性。

二、新常态有待确立

新常态（new normal）这个词最早是美国太平洋资产管理公司的前 CEO（首席执行官）埃里安提出的，用于描述 2008 年全球金融危机后可能出现的长时期经济衰退。

这当然不是我们希望建立的新常态。根据权威方面的说明，中国经济的新常态概括起来有两个基本的特征：一是从高速增长转向中高速增长，二是从规模速度型的粗放增长转向质量效益型的集约增长。需要注意的是，以上两者的进度是有很大差异的：前者已是既成事实，绝大多数人对适应这种状况也有一定的思想准备；后者只是期望而非现实，需要经过努力才有可能实现。

对于目前中国经济“旧常态已经不能维持、新常态还有待确立”的态势，我们必须有清醒的认识。只有加快上述第二个“转向”的速度，才能克服眼前的困难，走上持续稳定发展的坦途。

由于过去很多社会矛盾是靠数量增长来“摆平”的，经济增速下降太快也有风险。如果不能用增长质量的提高去弥补增长数量上的损失，许多经济和社会矛盾都会暴露出来，甚至进一步激化。

面对增长率继续走低的形势，最近几个月来，“扩需求、保增长”，要求中央银行“放水”的呼声日渐高涨起来，“铁、公、基”一类大规模投资也蓄势待发。不过我对这一类“老办法”是否有效抱有很大的怀疑。

靠扩张性的货币政策能够解决需求不足的问题吗？日本野村研究所首席经济学家辜朝明对于“资产负债表的衰退”的分析很值得注意。他指出，当出现由于杠杆率过高导致的“资产负债表衰退”时，货币政策是无效的。因为在“现金为王”的情况下，人们都会捂紧钱袋子，不愿进行长期投资。如果手里有钱，人们更愿意投在股市而非流动性低、不易抽身的实业上。如果过度使用货币政策，股市也容易出现泡沫膨胀，甚至在泡沫最终爆破时导致严重危机。当前我国新入股市的投资者年龄偏低、资产不多、风险意识不强，新开户股民大量融资炒股。一旦发生问题，会影响社会稳定，因为穷人亏钱比富人亏钱更危险，绝不可以掉以轻心。

关于投资的拉动作用也应当做出恰当的估计。近几年的情况说明，经济学中“投资报酬递减规律”的作用已经日益显现。借机乱上项目投入很多，效果不大，结果只会加杠杆，使风险进一步积累。

总之，正确的应对办法只能是在稳住大局、保证不发生系统性风险的条件下，把主要的注意力放在推进改革开放上，用改革开放来促进经济发展方式的转型和效率的提高。

问题在于，经济发展方式转型并不是一个新提出来的问题。早在1995年制定“九五”计划（1996—2000年）的时候，就提出了必须实现经济增长方式从粗放增长转变为集约增长、经济体制从计划经济转变为市场经济这“两个根本转变”，到现在已经整整20年了。

“九五”恰逢贯彻1993年中共十四届三中全会决定的改革大潮，经济增长方式转型取得了积极进展。遗憾的是，到了“十五”（2001—2005年）就停顿了下来。

“十五”期间的经济发展受20世纪90年代改革的推动，表现良好：经济提速，贸易繁荣，国家实力增强；但这也降低了改革压力，改革出现停顿。例如，1997年的中国共产党第十五次全国代表大会要求调整国有经济布局，从竞争性领域退出和实现公司化改制。最初几年首先在“放开搞活中小型企业”方面取得很大进展，接着实现了二级国有企业的公司化。但是到21世纪初期改到集团公司层面，就停顿下来了。2006年国资委甚至发文，要求国有经济在七个行业里保持“绝对控制”，在九个行业里保持“较强控制”。这是跟中国共产党第十五次全国代表大会和十五届四中全会的规定相背离的。在有些地方和领域，甚至出现了“国进民退”和“再国有化”的“开倒车”行为。

影响经济发展方式转型的另一个因素是本世纪初城市化加速。在中国的土地产权制度下，各级地方政府通过土地财政获得几十万亿元的资金资源，再加上用土地抵押贷款，大量投资，营造“政绩工程”和“形象工程”，掀起所谓的“重化工业化运动”和“造城运动”。结果，经济发展方式变得更加粗放。

在2005—2006年制定“十一五”（2006—2010年）规划的过程中，发生了一场关于经济增长模式的大争论：一派意见认为中国靠强政府、大投资实现高速发展的模式非常成功，应该继续沿着这条路走。另一派意见认为中国增长模式存在不平衡、不协调、不可持续的问题，应该回到“九五”的路子，实现经济增长模式从粗放型到集约型的转变。①“十一五”规划采纳了后一种意见，规定要把转变经济增长方式作为“十一五”的“主

① 参见吴敬琏．中国增长模式的抉择［M］．上海：上海远东出版社，2005.

线”。但是，“十一五”较之“十五”的实际表现并没有太大不同。

在制定“十一五”的时候曾经总结过，为什么“十五”期间在经济增长方式转型方面不进反退。当时普遍认为，原因是存在“体制性障碍”，资源配置不是由市场主导，而是由政府主导，各级政府投入了海量资源，用以实现提升政绩的目标。不过由于改革停滞，这一问题在“十一五”期间并未得到解决，所以“十一五”规划很好但成效不多。到了“十一五”的最后一年2010年，中央有点急了，专门组织了转变经济增长方式的省部级研讨班。胡锦涛总书记在开班讲话中指出：加快经济增长方式转变，刻不容缓！

“十二五”（2010—2015年）计划重申把转变经济增长方式作为经济工作的主线。但是，“十二五”的开头几年“中国向何处去”的大争论正在进行，一些很有影响力的人士认为，通过强政府、大投资实现高速增长的“中国模式”具有无比优势，应当继续沿着这条路走下去。因此，改革和转型都没有取得实质性的进展。

中国共产党第十八次全国代表大会对这场事关“中国向何处去”的大争论做了明确的回答，就是要坚持中共十一届三中全会的路线，“以更大的政治勇气和智慧全面深化改革”。随后，十八届三中全会制定了全面深化改革的总体规划。十八届四中全会又提出了全面推进依法治国的纲领。

三、如何稳住大局，为推进改革赢得时间

目前中国经济的杠杆率过高，债务总额达到GDP的250%～300%，蕴藏着比较大的金融风险。其中，各级地方政府债务已超过16万亿元，2015年到期需要偿还的债务为1.8万亿～2.0万亿元；企业资产负债表的杠杆率更高，个别企业资金链断裂、发生偿债危机、少数人“跑路”问题不大，但是必须保证不发生系统性危机。

为了避免发生系统性危机，需要采取有力措施来控制和化解风险。

（1）要妥善处理各级地方政府的债务。财政部向地方下达1万亿元地方政府债券额度置换存量债务，可能还要采取一些补充性措施。

（2）要停止回报过低和完全没有回报的无效投资。

（3）要停止对“僵尸企业”的输血。

（4）必须停止刚性兑付。

（5）动用国有资本偿还政府的或有负债。目前一项最重要的或有负债就是社保基金的缺口，数额很大，成为隐患。十八届三中全会决定拨付国有资产去补充社保基金，但迄今没有行动。

（6）对资不抵债的企业实行破产清盘和破产保护下的重整，化大震为小震，释放风险。

（7）盘活由于粗放增长方式造成的死资产存量，例如各地“晒太阳”的开发区等。

此外，辅之以适当的财政和货币政策，维持宏观经济的基本稳定，防止系统性风险的发生。

2014年12月的中央经济工作会议提出：“积极的财政政策要更有力度，货币政策要更加注重松紧适度。”这句话十分重要。增加积极财政政策的力度意味着增加赤字。目前我国预算赤字离公认的警戒线还有一些距离，增加赤字还有一定的空间。另外，增加赤字有两种办法：一是增加支出，二是减少收入。在目前的状况下，我倾向于更多地采用普惠式的减税的办法，因为现在的一个大问题是企业家们对未来缺乏信心，没有投资积极性。一定要改善营商环境，提高他们的信心。在货币政策上，要把去杠杆和提供必要的流动性结合起来。

四、当务之急：切实推进改革

推进改革开放是应对当前形势和确立我们所希望的新常态的治本之

策。十八届三中全会对经济体制改革目标做出了准确的界定，这就是建设“统一开放、竞争有序的市场体系”。其实这一目标在1993年十四届三中全会中就已经提出来了。当时的表述是：“发挥市场经济在资源配置中的基础性作用，必须培育和发展市场体系……形成统一、开放、竞争、有序的大市场。”20年后重提这一体制目标，并环绕这一基本目标部署了上百项具体的改革任务。现在我们需要以“建设统一开放、竞争有序的市场体系”为标尺，总结中国共产党第十八次全国代表大会以来各项改革的进展，部署下一步的工作。

早在中国共产党第十八次全国代表大会召开前后，就已经按照建立竞争性市场体系的方向进行了一些试验性的改革，比如企业注册登记的便利化、营业税改增值税等。这些改革取得了明显的成效。例如，过去许多年领导一再号召要加快服务业的发展，却一直未能实现。最近几年，在上述改革的推动下，服务业发展取得了很好的成绩，这使我国就业情况在GDP增速下降的情况下得以保持较好的状态。改革小试牛刀尚且能够取得这么好的成果，这就表明，为了应对当前面临的困难，加快改革有多么重要的意义。

从目前的情况看，政府职能改革、简政放权已经取得进展。现在需要注意的，一是要防止回潮，二是要继续向纵深发展，通过制定企业市场准入的负面清单和政府职权的正面清单，形成厘清政府与市场关系的正式制度。

以利率市场化和汇率市场化为核心的金融改革和以理顺中央地方关系为重点的财政改革进展情况比较正常，现在还需要筹划解决一些更深层次的问题。

近年来，虽然国有经济在国民经济中所占份额有所下降，但是国有企业掌握着大量重要资源并且在许多重要行业中处于支配地位，因此国有经济的状况如何，对于整个国民经济的效率高低具有重要意义。为了改变国有企业效率低下的状况，十八届三中全会对国有企业改革做出了许多重要决定。现在看来，亟须加快对于这些决定的实施。

中国（上海）自由贸易区正在进行一项具有历史意义的试验。正如习近平总书记所说，进行自贸区试验的意义在于适应贸易和投资便利化的大趋势，“营造市场化、国际化、法治化的营商环境”。目前正开始在其他地区复制推广上海自贸区的经验。这意味着对外开放新局面的全面展开。行政领导部门要从促进贸易和投资便利化的大局着眼，为开辟这个新局面做出贡献。

民营企业是经济发展方式转型的主要推动力量。目前许多企业家信心不足，积极性不高，需要引起足够的注意。应当借鉴1998年应对亚洲金融危机时扶持民营中小企业的经验，组织深入的调查研究，提出切实有效的综合解决方案。

现代市场经济的有效运作离不开政府在创设良好的营商环境和提供公共服务方面的作为。目前在反腐高压态势下，政府官员“乱作为”的情况有所收敛，但“不作为”的情况有所蔓延。王岐山书记以前说过，先治标后治本，用治标为治本赢得时间。我觉得在反腐高压势态已经建立的情况下，应当大力加强制度反腐，把权力关到法治的笼子里。与此同时，要按照李克强总理所说的政府“法无授权不可为”的原则，加快建立官员职权的正面清单，使官员行使职权有规可循。

（2015年4月25日）